U0659840

陈 鑫 著

幽暗的透明

诗歌教学手册

诗歌索引
诗歌笔记
诗歌教与学
读诗的五把钥匙

济南出版社

图书在版编目（CIP）数据

幽暗的透明：诗歌教学手册 / 陈鑫著 . —— 济南：
济南出版社，2024. 11. —— ISBN 978-7-5488-6205-5

Ⅰ . G633.302

中国国家版本馆 CIP 数据核字第 202479TS21 号

幽暗的透明

YOUAN DE TOUMING

陈鑫　著

出 版 人　谢金岭
责任编辑　董慧慧　张　爽
装帧设计　曹晶晶

出版发行　济南出版社
地　　址　济南市市中区二环南路 1 号（250002）
总 编 室　0531-86131715
印　　刷　济南新科印务有限公司
版　　次　2024 年 11 月第 1 版
印　　次　2024 年 11 月第 1 次印刷
开　　本　145 mm×210 mm　32 开
印　　张　8
字　　数　150 千字
书　　号　ISBN 978-7-5488-6205-5
定　　价　49.00 元

如有印装质量问题 请与出版社出版部联系调换
电话：0531-86131736

序　言

　　这本书是我从教二十年教学经验的总结。中国古典诗歌丰富而具体，给学生讲明白古典诗歌是有难度的。我用了"明白"这个词，是因为老师总是希望能教学生读明白、读懂诗歌文本，试卷中的标准答案也似乎明确了这一点。但是得到"标准答案"后我总会惴惴不安，因为我感觉一首诗并没有被完全揭示，它依然在时间中沉默，不愿跟我们耗费口舌；我们甚至受够了某种术语的训诫，诗意的审美活动常沦为说教。每次上课前，我和学生都会经历一次充满忐忑的等待，等待一册新课本、一份新试卷、一首新诗歌的出现。它躲藏在纸和时间的背面，不愿意和我们相见，即使它已经跃然纸面了，但依然披着朦胧的面纱，因为隐喻是难以把握的。隐喻是诗人最伟大的发明，是对昏暗不明意义的掩盖和预示，一种平常的事物向未知事物投射的一束内部之光，也是一束凝视之光，这束光在幽暗森林里照亮未知事物并使之显出有尊严的光芒！在诗歌中，"一个意象常常是一个图画似的短语，描绘或捕捉到了已知事物的某些品质。在隐喻手法中，这种本质得到延伸，因而能触及未知事物。"① 这未知事物是神秘而幽暗的，需要等待我们的认知和澄清，我在读到宇文所安《透明：解读中国抒情诗》这篇文章时，一下子就被这个题目震撼了，"透明" 或许比"明白"更让人倍感动力，因为"透明"可以更好地昭示意义的存在，透过一层皱皱巴巴的糖纸，我们看到了一个影像：模糊又真实。这个影像是极具个人色彩的，我们的"观赏"过程带有强烈的实践性，在"透明"过程中，也会被一种氛围和愉悦所感动。写这本书的过程中，我感受到中国语言、文化和传统的力量，他们共同制定了一套通用但并非决定性的规则，让我们循规蹈矩又游刃有余，引导我们进入诗歌想象的世界。

需要说明的是，书中所举诗例几乎都是高考真题中出现过的或者语文教材中涉及的，我一直认为这些诗不是因为试题才与我们相遇，而是因为她久居幽暗，需要昭示并照亮我们。

2024 年春天

---

① ［美］玛丽·奥利弗.诗歌手册：诗歌阅读与创作指南［M］.北京：北京联合出版公司，2020：98.

目录
MU LU

第一部分　读诗的五把钥匙

1

第二部分　诗歌教与学

第三部分　诗歌笔记

第四部分　诗歌索引

第一部分
读诗的五把钥匙

想象和旧知

宇文所安在《透明：解读中国抒情诗》一文中说："在每一种文学传统中，都存在许多解读规则，它虽然是文本自身的非活性因素，同样也塑造了对文学文本的感受。只有通过这些规则，一个读者才能将一个文学文本当作一个美学事件而不仅仅是一个文档。"[①] 这启发我们，应尊重我们的文学传统和语言规则，因为这些规则塑造了我们的

---

① ［美］宇文所安．中国传统诗歌与诗学［M］．北京：中国社会科学出版社，2015：29.

阅读方式，也造就了一个开放和变化的阅读体系。作为读者可能有年龄、知识、阶层等等方面的差异，但是这个不变的准则和基本前提才是维系我们阅读习惯的基因和根脉。

一

俯仰往还，远近取与

中国古典诗歌是用文言写成的，因文言语法的高度灵活性决定了文言诗歌中很多句子可以轻易打破语法限制而具有近似的高度灵活性。语序倒置、词语活用等非常规语法现象层出不穷。比较典型的如杜甫《秋兴八首》中"香稻啄馀鹦鹉粒，碧梧栖老凤凰枝"一句，就引发阐释者的各种争论。关于这一点，叶维廉在《中国古典诗中的传释活动》一文中有完整而深刻的揭示，他在文章中提到中国文言文语法的灵活性让字与读者建立起一种自由的关系，即读者在与字和字之间保持着一种"若即若离"的解读活动。我的理解是，这些所谓的字，很多是名词性物象，这些物象仿佛是一个开阔的空间里的物象，这些物象是没有预设意义与关系的，如同唐代温庭筠"山月不知心里事，水风空落眼前花，摇曳碧云斜"中的"山月"，山和月之间本没有什么固定的"关系"，月可以在山之上也可以在山之侧，如果月落山后，从山上往下看，月也可以在山之旁，因此这句诗可以理解为"苍山上空悬挂的明月不知我心中愁事",或者"苍山与明月不知我心中愁事",或者"寄托于山月之间的心中之事无人知晓"。在这里,景物之间的关系会因我们的移动而变化,这是一种有弹性的视角和组合,这种视角的弹性让我们的想象也有了弹性的空间。叶维廉举了"鸡声茅店月,人迹板桥霜"这个例子,诗句中没有决定"茅店"和"月"之间的空间关系,"板桥"和"霜"也不一定就是绝对的"板桥上的霜",类似的例子有"大漠孤烟直,长河落日圆",还有我们熟悉的元代马致远《天净沙·秋思》:

> 枯藤老树昏鸦,
>
> 小桥流水人家,
>
> 古道西风瘦马。
>
> 夕阳西下,
>
> 断肠人在天涯。

这里的枯藤、老树、昏鸦因为观者位移或者视角的变化就可以产生不同组合而生成多种想象的镜像,"没有定位,作者仿佛站在一边,任读者直观事物之间,进出和参与完成该一瞬间的印象"[①],此时,在个人经验和审美感受联

---

① 叶维廉. 中国诗学［M］. 北京:人民文学出版社,2006:17.

合作用下就会在读者头脑中生成一个完整的意境。

定位、定关系这样的思维活动和习惯，可以拿西方传统绘画中的透视和明暗关系来说明，"透视"（*perspective*）这个词源于拉丁文 *perspclre*（看透），指在平面或曲面上描绘

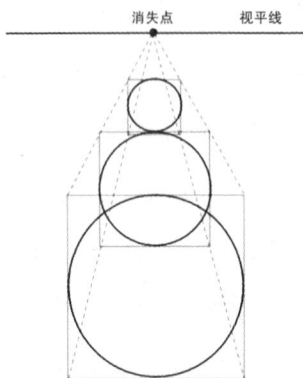

物体的空间关系的方法或技术，艺术家通过透视的运用，画面前的物体大，后面的物体越来越小，直到"消失点"，这样做可以使画作呈现出立体感和深度感，使观者感觉到画中的景物具有空间延伸和远近之分，让画作更加逼真。另外一种明暗法（*chiaroscuro*）常常使用显著的明暗对比来对形状进行描绘，在构图中，它在制造主要形象周围的深度和空间上的错觉十分有效，这两种方法都是通过定位来确定物象之间关系的方法。中国画却呈现出另一种风貌，我国传统国画

梅因德尔特·霍贝玛《林间村道》

6

中擅长使用"散点透视法"，实际上跟文学中的"上帝视角"殊途同归，它不受空间限制，视角可以不断移动，可以从多个角度去观察和表现事物的外在特征，这样做可以让表现对象更加鲜明、生动、具体，更富有立体感。北宋郭熙在《林泉高致》中说：

> 山，近看如此，远数里看又如此，远十数里看又如此，每远每异，所谓"山形步步移"也。山，正面如此，侧面又如此，背面又如此，每看每异，所谓"山形面面看"也。如此是一山而兼数十百山之形状，可得不悉乎？山，春夏看如此，秋冬看又如此，所谓"四时之景不同"也。山，朝看如此，暮看又如此，阴晴看又如此，所谓"朝暮之变态不同"也。如此是一山而兼数十百山之意态，可得不究乎？[①]

我国有展卷赏画的传统，书房内、厅堂中，常常会挂上一两幅卷轴书画，或者取出手卷及册页，摆置于桌案。特别是以手卷为主要介质形式的中国画，在观看过程中，画面被观者依次打开，每次只能打开一小段，在不断移动的画面上不时出现明确的次级边界，观赏者很容易将注意

---

① [宋]郭熙.林泉高致[M].郑州：中州古籍出版社，2012：90.

力集中到每一段场景之中，以时收时放、时看时停、时左时右的方式欣赏，随时照顾一个有意思的细节，导致很难通过一个视角看完整个的画面。巫鸿先生称手卷这种形式的作品"既是空间的艺术又是时间的艺术"。①

东晋文学家陶渊明悠然离开房舍，趁枯枝吐露新芽时，漫步溪水山边，不经意间误入浓浓春意之中："缘溪行，忘路之远近。忽逢桃花林，夹岸数百步，中无杂树，芳草鲜美，落英缤纷。"（陶渊明《桃花源记》）陶渊明的理想之地，景致清幽，宁静和美，那里桃花盛开，渔人与耕者各尽其事，老者与孩童自得其乐。明代仇英以桃源诗意为本，依青绿墨法作《桃花源图》巨幅长卷，以期抵达内心的桃源仙境。这幅画卷

---

① ［美］巫鸿. 重屏：中国绘画中的媒材与再现［M］. 上海：上海人民出版社，2017：56.

［明］李士达《西园雅集图》局部

宽33厘米，长度却近5米，我们必须耐心地从卷轴一侧"阅读"到另一侧，或者由三分之一处回溯开始处：叠山翠攒、春云离离、溪山渔樵、林中闲聊、孩童嬉戏……仇英用一个个蒙太奇式的手法建构起一个完整的精神世界，但是这个精神世界又是如此精微、细致，随意一个细节都值得认真玩味，构成一幅单独的画，成为一个耐人寻味的故事。

青绿长卷里，除去陶渊明描述的树木、高山与渔樵，我们甚至能看到仇英着意贯穿始终的闲逸春云。溢满山间的层叠白云，谓离离春云，恰如同为明四家的文徵明所写"春云离离浮纸肤，翠攒百叠山模糊"。《诗经·湛露》里有"其桐其椅，其实离离"，高大壮硕的梧桐和椅树，结出了丰硕的果实，它们挂在树枝上，堆叠在一起，一重又一重，再观仇英画笔下的叠置春云，便感形象生趣。晚年的仇英再次沉浸在青绿山水的意境之中，重新以此题材创作《桃源仙境图》，在这幅仙意十足的画里，仇英羞涩地给自己留下了一个隐秘位置。我们如放大镜一样聚焦于巨幅画作的一处，就可以发现：他藏在高处，远望着高士或仙人的相聚，他也观看着亭下的云与水，闲逸静谧。

[明] 仇英《桃花源图》局部，纸本长卷，美国波士顿美术馆藏

以上均为仇英《桃花源图》局部

离离春云：仇英《桃花源图》局部

观云之人：仇英《桃源仙境图》局部

　　同样，在中国古典诗歌中这种没有明确定位和定位关系的词汇语法，让读者容易获得一种自由阅读和想象的空间，在犹如古代绘画这种由名词并列放置的物象之间形成一种若即若离的释义活动。"山月不知心里事，水风空落眼前花，摇曳碧云斜"这句诗，"山月"因为山和月之间的关系未定，可以理解为"山中明月""山上高悬的明月""山和明月"，同样"水风"可以理解为"吹过水面的风"，又因为"水"可以解为"湖水""河水"也可解为"雨水"，所以"水风"可以理解为"夹杂着雨水的风"。白话式的解读容易消解古典诗歌联想的自由空间，如果翻译成英文可以更直观感受到这种变化。"山月"一词可以翻译成：*moon in the mountains*（山中明月），*moon over the mountains*（山上高悬的明月），*moon and mountains*（山和明月）；"水风"一词可以翻译成 *winds blowing over the water*（吹过水面的风），也可以译为 *winds with rain drops*（夹杂着雨水的风）。如果把《桃花源记》中的"落英缤纷"翻译出来：*fallen petals scattered over the ground*。因为位置关系、名词物象的确定性让诗意的想象一下子消失了，像这种英文或者白话式的翻译，仿佛在作品旁边设置一个解说者，明确告诉你这是什么、在哪里、怎么做……导致那种景物在脑海中搭建、组合、演出（*stage*）的过程没有了，更缺少了玲珑、活跃、简洁的自由空间。

如晏几道词《临江仙》：

> 落花人独立，微雨燕双飞。

如果我们解读为"独立人（看）落花，双飞燕（穿）微雨"或者"落花（中有）人独立，微雨（中有）燕双飞"，加入的"看、穿、中、有"都是确定性的动作或者方位，也同样消除了想象的动态过程。

再如杜甫诗：

> 绿垂风折笋，红绽雨肥梅。

按照正常语序，我们可以想象：诗人在途中突然看到绿色低垂，瞬间弄不清楚是什么东西，警觉后一看，原来是风吹折的竹子，如果机械地直接翻译成"风折（之）垂笋绿"，这种纯理性的逻辑分析法就把生活经验的本质想象给消解了。

从以上分析我们可以看出，中国古代画与诗中所表现出来的空间意识是一致的，宗白华在《中国诗画所表现的空间意识》一文中说："俯仰往还，远近取与，是中国哲人的观照法，也是诗人的观照法。而这观照法表现在我们的诗中画中，构成我们诗画中空间意识的特质。"[1] 从读者的角度来说，这种诗画表现的空间意识以及这些经由意象构筑起来的诗句，具有极易引发联想的特质，就需要我们经由想象，用"俯仰往还，远近取与"之法自由穿梭在意象之间，让隐藏在文字深处的幽微之境在头脑的幕布上清晰、透明并生动起来。

二

基于现实经验逻辑的安排和想象

宇文所安在《透明：解读中国抒情诗》一文中还指出："语言不仅是一套约定俗成的符号，一套排列组合的生成法则，它同时也是一套供运用的指令、供理解的动作。"[2] 在读者的想象空间里，这些有待空间位置的实际安排，需要依赖想象重新排演，或者说读者仿佛是一个导演重新运用电影的方式在脑海中"实地拍摄"一番，当然这种"拍摄"是基于现实经验合理建构基础的。我在《诗的事理性结构》一文中提到温庭筠"山月不知心里事，水风空落眼前花，

① 宗白华.美学散步［M］.上海：上海人民出版社，1981：111.

② ［美］宇文所安.中国传统诗歌与诗学［M］.北京：中国社会科学出版社，2015：29.

摇曳碧云斜"中对"摇曳碧云斜"这句诗的理解：抒情主人公遥望天涯尽头，心中有无限思绪，东风拂面，云朵飘荡，被吹向远方，因伫立遥望之久，云慢慢飘向地平面……这里的"斜"，不是碧"云"物理意义上的倾斜，而是因女子长久注视着那牵连着思绪到天涯尽头的云朵，直到向西沉入地平线，女子的心情也随之沉重了。在这里，对"斜"的想象过程就是基于现实经验和理性建构基础上的一种"头脑拍摄"，大脑重新对形象进行有逻辑地编码和组合，既要符合生活的逻辑又要符合审美的逻辑。

　　柳永《望海潮》"云树绕堤沙"一句中，"云树"一词可解为"高耸入云的树木""如云的树木""云、树相依貌"，但是根据下文"绕"字可以判断，作者想写出长堤迤逦曲折的态势，加之江南树木繁茂，所以依据生活和审美逻辑解释为"钱塘江堤上，行行树木，远远望去，郁郁苍苍，犹如云雾一般"似乎更为合适。我在教授《望海潮》这首词的时候，采用一种更为激进的方式激发学生的想象力。学生读这首诗的时候在脑海中想象着仿佛打开一幅描绘杭州景色的手卷，我让学生把整首诗用文字布局到这幅画卷上，形成一幅"文字画"。一般手卷的两端空白处写有收藏者的款识和题识，款识和题识部分可以书写"东南形胜"等三句概括杭州全貌的诗句。往后（左）依次可以按照词中

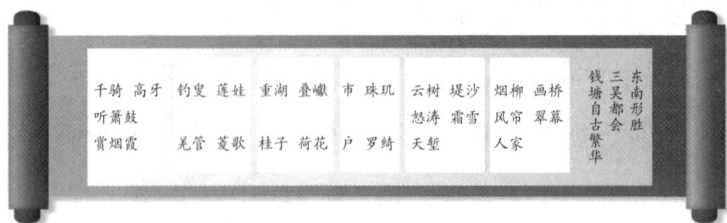

［北宋］柳永《望海潮》"文字画"

一个个小"画幅"分别放置画卷之中，这样一来，杭州胜景就如同徐徐展开的画卷鲜明呈现在学生脑海之中了。

一旦诗歌欣赏变成一种文字性的诗歌鉴赏时，读者就需要将头脑中形成的审美感受再转化为一种学术或者解释性语言，但因为解释性语言具有确定性和唯一性的特点，就容易和由诗歌语言通过想象形成的审美感受相龃龉。毕竟审美活动有时候不能仅仅停留在头脑中，形成一个稍纵即逝的印象，更需要用批评的语言将它还原，传递出那些言有尽而意无穷的妙处。从这个意义上说，作为读者：一方面，我们应该遵循中国古典诗歌的语言特殊形式和规律，经由联想和想象，还原符合经验逻辑的诗歌形象，然后积极将这种审美感受转化成规范的学术、批评语言；另一方面，我们也不能为了批评而批评，从而忽视中国古典诗歌丰富

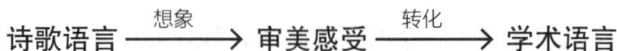

诗歌语言 ──想象──→ 审美感受 ──转化──→ 学术语言

诗歌鉴赏思维流转图

的阐发和感兴的价值和意义，在"绘画式、电影式的传意方式"中，读者应该和作品之间形成一种积极的对话，避免以"思"代"感"式（或先"思"后"感"）的解读方式。

我想说的是，基于符合经验逻辑和审美逻辑的想象在阅读诗歌过程中是十分必要的，虽然语言的作用是有限的，有所谓词不达意的说法，但是我们仍然需要锻炼想象、联想的思维能力，为有效的审美做积极铺垫。讲到这里，我仍然有必要完整引用学者叶维廉在《中国古典诗中的传释活动》一文中的结论：

中国古典诗的传释活动，很多时候，不是由我，通过说明性的策略，去分解、串联、剖析原是物物关系未定、浑然不分的自然现象，不是通过说明性的指标，引领及控制读者的观、感活动，而是设法保持诗人接触物象、事象时未加概念前物象、事象与现在的实际状况，使读者能够在诗人隐退的情况下，重新"印认"诗人初识这些物象、事象的戏剧过程。为了达成这一瞬实际活动状况的存真，诗人利用了文言特有的"若即若离""若定向、定时、定义而犹未定向、定时、定义"的高度的语法灵活性，提供一个开放的领域，使物象、事象作"不涉理路""玲珑透彻""如在目前"，近似电影水银灯的活动与演出，一面直接占有读者（观者）美感观注的主位，一面让读者（观者）移入，去感受这些活动所同时提供的多重暗示与意绪，所以我们的解读活动，应该避免"以思代感"来简化、单一化读者应有的感印权利，而设法重建作者由印认到传意的策略，好让读者得以作较全面的意绪的感印。①

　　这段话提醒我们在阅读和鉴赏诗歌时：一是要充分占有或享受审美想象的主体地位，用"积极的代入法"进行审美想象活动，重建作者的经验和感受。二是避免"以思代感"，切忌生硬拆解和传释诗歌，将诗歌审美活动简化成用生硬的学术语言来描述丰富的诗歌意境的行为。我在教授《离骚》《将进酒》等诗歌时，就努力设法引导甚至提醒学生完全代入到诗人的情境之中，在吟诵时做到"我"就是屈原和李白，屈原和李白就是"我"的境界，从而达到感情和审美的双向共鸣。

　　如辛弃疾《玉楼春》（下片）：

　　镜中已觉星星误，人不负春春自负。梦回人远许多愁，只在梨花风雨处。

----

① ［美］叶维廉.中国诗学［M］.北京：人民文学出版社，2006：34.

"只在梨花风雨处"，虽然可以理解为"只在梨花（和）风雨处"或者"只在风雨（之中的）梨花处"，但从"梦中醒来才感觉远离了许多忧愁"到抒情主体需要重新聚焦心中的忧虑处，从逻辑上讲，选择的这个形象（物象）是一个本身具有容易引发抒情主体忧虑情绪的具体形象。梨树春季开花，花色洁白，如同雪花，给人带来柔弱的感觉，况且风雨交加、梨花凋零，那被风雨摧残的梨花很容易让人联想到作者的命运处境，从这个意义上讲，

[明] 陆治《梨花写生》轴，台北"故宫博物院"藏

理解为"只是牵挂着风雨中的梨花是否安然"更符合生活逻辑经验。"梨花"和"风雨"两种物象的组合，也很容易让人联想到"梨花一枝春带雨"，这种清雅别致、美丽而感伤的形象，让人心生怜惜、牵挂。

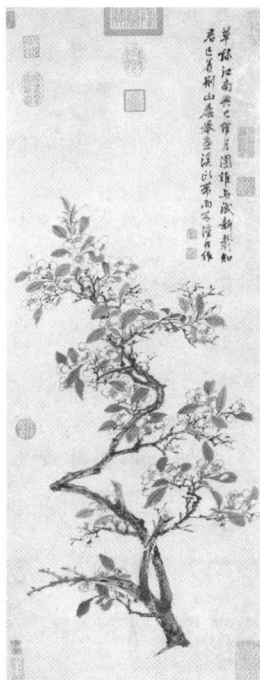

三

用有限的语言描述无限的诗意

在诗歌鉴赏实操过程中，用准确的概念和语言来描述诗歌意境并非易事，语言的"所指"和"能指"往往方枘圆凿，这就需要读者在阅读实践中注意总结和积累生活经验和审美经验，不断练习揣摩诗歌意境，提高准确概括意境特点的能力。对于非专业读者来说，深谙古典意象中蕴含的审美心理是非常困难的，但是借助有限阅读经验和一定量诗词积累（旧知），凭借大胆而合理的想象，抵达一个符合生活和审美逻辑的境界之中不是可遇而不可求的。我们试举几例：

天净沙·鲁卿庵中

［元］张可久

青苔古木萧萧，苍云秋水迢迢。红叶山斋小小。有谁曾到？探梅人过溪桥。

《天净沙·鲁卿庵中》是元代散曲家张可久所作的一首小令。这首小令是对友人鲁卿隐居山中的礼赞，也是作者自己一片向往之情的真实流露。"青苔古木萧萧"一句里的"青苔古木"，我们可以理解为青苔结生于古木之上，亦可以将青苔、古木理解为并立的意象。"青苔""古木"这样两个山中常见物象，是如何传递一种幽深、清雅的审美感受的呢？稍有生活经验的人，即可明白人（诗人）行走在古树参天的山中会有一种静谧、幽深的感受和体验；古刹之中，人迹罕至，台阶上一抹青苔，也容易有"清""静"的感觉，两个物象组合在一起，即是"清幽"的诗意。更何况"青苔"是中国诗歌典型意象，贾岛"白云多处应频到，寒涧泠泠漱古苔"，借用青苔衬出环境的荒凉或冷清；又因与外人往来极少，刘禹锡"苔痕上阶绿，草色入帘青"，遂赢得一间陋室。所以，一抹青苔便成为中国古典诗歌中的冷色调。再看"苍云秋水迢迢"，这里写水云状貌。"苍云"是高空长云，有宏阔的气象，求的是"高"；"秋水"不是一泓秋水，因"迢迢"，有平沙落雁、水天一色之感，强调的是"远"。"迢迢"修饰"秋水"，结构同"萧萧"修饰"古木"一样。"秋水迢迢"突出秋水长空一色的景貌，"苍云秋水迢迢"在这里就是展现"高远"的秋色水天了。

　　鉴赏诗歌的过程就是一种传递释意的过程，"辞"（学术语言）能否达意，很大程度上取决于联想的准确程度，以及能否准确找到这个与联想完全匹配的"辞"，这需要读者在阅读诗歌过程中不断加以练习和揣摩，以达到辞与意的接近可能性。

南宋诗人陈与义的《寻诗两绝句·其二》："爱把山瓢莫笑侬，愁时引睡有奇功。醒来推户寻诗去，乔木峥嵘明月中。"其中的"乔木峥嵘明月中"一句，就可以和"青苔古木萧萧"做类似联想，"乔木峥嵘"为高大的树木，近似"古木萧萧"，有"幽深"之感，配以明月，带来"清静"的氛围：明月高照，树木高耸峭拔，两相组合，意境"清幽"。

再看宋代姚镛《访中洲》：

踏雨来敲竹下门，荷香清透紫绡裙。

相逢未暇论奇字，先向水边看白云。

"被访者"傍水而居，门前种有修竹，可以由"茂林修竹"联想到优游自适的文人雅士；旁有荷花池，清香四溢，可以联想到"出淤泥而不染，濯清涟而不妖"的圣洁精神。"竹林""荷花"清新脱俗又兼具文人雅趣；"水塘""白云"一派清静淡远，总体带给读者一种"清静雅致"的感觉。当然，这种组合和联想的方式的确有些机械和生硬，这就要求读者联想的时候一定不能忽视诗歌的整体氛围和情境。我们可以拿五代南唐诗人冯延巳的诗歌做一个比较：

采桑子

花前失却游春侣，独自寻芳。满目悲凉。纵有笙歌亦断肠。

林间戏蝶帘间燕，各自双双。忍更思量，绿树青苔半夕阳。

此诗上片写"失却游春侣""独自寻芳"之断肠悲凉。下片写因见蝶燕双飞，兴起孤独之感。"绿树青苔半夕阳"可以让我们想到刚才引用的《鲁卿庵中》"青苔古木萧萧"一句，虽然都是树与青苔的意象组合，但我们不能武断说这句营造的就是"清幽"的意境了。因为这首诗情感上悲凉断肠，加之夕阳惨淡斜照在绿树青苔之上，那也只有"凄清苍凉"的意境才能带来这种孤独之悲了。

文艺理论家童庆炳先生在《主体心理意象的诗化》一文中就提到唐代诗人贺知章《咏柳》这首诗中对于"剪刀"的联想。他指出，我们不能无定向、不受控制地把"剪刀"任意联想成制造剪刀的铁匠、使用剪刀的裁缝、使用剪刀的医生……这种毫无规则、毫无主题的联想与诗歌本身想表达的意境相去甚远。因此，任何联想和想象都不能脱离诗歌所规定的整体情境：

　　"剪刀"在这里不是孤立的，它处在一首清新的咏柳诗的情境中，它的规定的意义是指"二月春风"，是比喻二月春风似花匠手中的剪子，整齐地、精巧地把柳叶剪成绿丝绦，全诗的情境都引导我们对"剪刀"的联想朝这一特定的方向走。通过这种联想，我们就进入了诗所描写的境界中，我们似乎来到了花红柳绿、和风飘拂的春天的花园里，感到一种无法言喻的清新感和优美感。[①]

　　审美意识，应包括人的审美感觉、情趣、经验、观点和理想等，如果仅仅依靠概念和定律鉴赏，是无法真正提高学生阅读素养的。教师要有意识地引导学生不断汇聚整理诗歌材料（诗句），调动所有的经验和想象进入诗歌的氛围和情境之中，并经由"分析—想象—转化"这样的思维流转方式不断实践和总结，这样才能真正提升学生的阅读与鉴赏诗歌的能力。在这里，我顺便把刚才引用的诗，连同其他诗歌中意象类似但意境有别的诗句放在一起，当作一个练习小案例供大家学习揣摩之用：

诗句	审美意境
园花经雨百般红	艳丽
乔木峥嵘明月中	清幽
青苔古木萧萧，苍云秋水迢迢	清幽、高远

---

① 童庆炳.童庆炳谈审美心理［M］.开封：河南大学出版社，2008：17.

绿树青苔半夕阳	凄清、苍凉
谷静风声彻，山空月色深	幽邃、静谧
北风凋白草，胡马日骎骎	肃杀
昨夜秋风入汉关，朔云边月满西山	阴沉、肃穆、凝重
踏雨来敲竹下门，荷香清透紫绡裙	清雅

四

用"旧知"消解诗歌陌生化

中国古典诗歌浩如烟海，优秀诗人数不胜数，风格更是千差万别，作为后来者，我们可以想象前代诗人创作诗歌时可能存在这样一种情况，即一个诗人为了避免和前代（或同代）诗人出现同质化的情况，要么努力在诗艺上有所突破和创新，要么努力找到新的情感表达突破口，以此避免创作上"影响的焦虑"（布鲁姆语）。无论是魏晋自我意识的觉醒、初唐诗人对诗律的革新、宋代诗人追求"夺胎换骨""点铁成金"，还是六朝辞藻富丽、唐诗典雅精致、宋诗的学术气质、公安诗派对"独抒性灵，不拘格套"的追求，无不是对"我"和"我的诗"的反复确认。古代诗人这种师古与创新、传承与开拓的做法一方面拓展了诗的世界，打开诗歌的一个新局面；另一方面也给读者的阅读习惯带来了挑战。特别是对于一个时间距离遥远的现代读者来说，他们必须克服阅读习惯带来的惯性，不断调整阅读姿态和方法,用有限的知识填充诗歌创新后留下的空白,如同刘姥姥第一次进大观园,需要用有限的生活经验解释新环境,用已知的方法作为学习新方法的基础。如果一个读者不会在旧知识、老经验基础上灵活调整自己的阅读思维和想象,就很容易像刘姥姥"咕咚一跤跌倒"在陌生的青苔路上。

俄国形式主义诗论家什克洛夫斯基(*Viktor Shklovsky*)提出过著名的"陌生化"(*defamiliarization*)理论:诗人为了凸显自己的独特性,会在语言上进行"歪斜""别扭""弯曲",以达到打破读者阅读习惯、建立新的语言或者文本秩序进而确立独一无二的自我地位的目的。这种"创造性的破坏"有时候是刻意为之,有时候又可能是因为时代环境、生活经历、情感体验甚至创作水平不同而带来不同诗歌诗艺和风格上的彼此陌生的差异,但这些到最后都会在诗歌文本呈现中带来一种"陌生化"的气质。从这个角度上讲,读者就需要努力增加诗歌阅读经验,提高"旧知"的厚度与广度。作为一个普通高中生,在并没有更大阅读量的情况下,就需要通过锻炼提高用已有"旧知"来巧妙破解一首"新诗"的阅读问题的能力,因为世界上并不存在绝对"陌生化"的诗歌!这种陌生化是相对的,因为古代诗人无法完全摒弃传统,无法不面对前代诗歌的群山,无法不站在巨人的肩膀上进行创新，所以从某种意义上讲，"点铁成金"的追求也无非是"旧瓶装新酒"了。

对于读者来说，我们不能总是希冀创作者能留给我们一个简单易懂的文本以提供阅读与鉴赏上的便利，更不能把阅读与鉴赏难度的责任完全抛给创作者，要认识到"旧识"的局限和缺失是限制我们阅读能力的基础性因素，如果我们不重视这个基础性因素，读懂一首诗歌又从何谈起呢？从功利的考试角度讲，《素养立意　守正创新——2023年高考语文全国卷试题评析》一文强调："古诗词用文言写成，与文言文阅读一样，先要突破语言关。诗歌语言更具跳跃性和模糊性，理解难度更大。因此，全国卷客观题一般采取逐句解释的方式设置选项，其错误项容易识别，正确项则起到阅读提示的作用。"[①] 所以，认真落实消化已学过的字、词、句、章、篇以及其中所包含的文言、意象、典故、地理、人名、风格等等知识，对于有效稀释陌生化具有十分重要的作用！即使"庄生晓梦迷蝴蝶，望帝春心托杜鹃"这样的难解之句，也会因为有"庄周梦蝶""杜鹃啼血"这样的基础性、必备性文本（意象、传说）而带来理解上的便利。所以，我建议学生既要学好、读透教材

---

① 李煜辉. 素养立意 守正创新——2023年高考语文全国卷试题评析［J］. 人民教育，2023（15-16）：26.

中的诗歌，还要把高考试题中的诗歌作为积累"旧知"的重要辅助手段。我想说的是，不要把高考只当作试题来做，而要把这些诗歌当作经典诗歌文本加以学习、分析和揣摩，基于建构在"旧知"基础上的"想象"，才能让两者配合交融、相得益彰，让阅读行为变得轻盈和容易。

比如，我们知道"此情可待成追忆"一句中存在类似"可"字这种反训词的现象，那么"马后桃花马前雪，出关争得不回头"（《出关》徐兰）"勤王敢道远，私向梦中归"（《发临洮将赴北庭留别》岑参）这样的诗句经由"争""敢"字解起来就容易多了。辛弃疾《鹧鸪天·送廓之秋试》中有"白苎新袍入嫩凉，春蚕食叶响回廊"一句，写的是门人廓之在秋季微凉的时节去参加科举考试，我（诗人）想象学子们专心考试书写，回廊中传来犹如春蚕啃食桑叶的声音。这个比喻新奇贴切，引人注目，如果再读到欧阳修《礼部贡院阅进士就试》中"无哗战士衔枚勇，下笔春蚕食叶声"一句，我们对诗人这样的表现方式就不会感到陌生了。很显然，辛弃疾是以欧阳修为师进行创作的，同一种表达方式欧阳修显然要先于辛弃疾，我之所以倒置顺序来讲是因为学生读到这两首诗的时间顺序是颠倒的，2013年辛弃疾诗出现在天津市的高考试题中，2017年欧阳修诗出现在全国卷中。同一诗人，诗歌风格往往相似，

2008 年山东高考试题中有秦观词《画堂春》：

　　落红铺径水平池，弄晴小雨霏霏。杏园憔悴杜鹃啼，无奈春归。

　　柳外画楼独上，凭栏手撚花枝。放花无语对斜晖，恨谁知？

　　这首诗写春雨霏霏，落花满地，时阴时晴，杜鹃哀啼中女子独上高楼，慨叹春光流逝，眷恋青春年华，女子手捻花枝、放花沉思这一细节又特别能打动人心。2014 年全国高考有无名氏（注释为：作者一作秦观）词《阮郎归》：

　　春风吹雨绕残枝，落花无可飞。小池寒渌欲生漪，雨晴还日西。

　　帘半卷，燕双归。讳愁无奈眉。翻身整顿着残棋，沉吟应劫迟。

　　"春风吹雨""落花""雨晴还日西"与《画堂春》呈现出的情境高度相仿；"帘半卷"写闺阁中的女子，"翻身""整顿""着""沉吟"这些动作细节把女子春心萌动又慵懒无赖的美感写了出来。两首词比较起来情境相同、手法也相似，如果有了第一首词的"旧知"经验，那么读第二首词就容易多了。此外，这两首词还提供了一个最能体现"词"这种文体特征的绝佳学习的样本。

根据"旧知"理解"新知"，通过合理想象构建完整诗意世界，是一个抽丝剥茧的动态过程，对读者的耐心和想象力都是一个考验，"旧知"是我们成为"合格读者"的基础，是理解一首新读诗歌的起点，是建构一座新诗歌大厦的基石。我想拿唐代诗人杨巨源《寄江州白司马》这首诗为例，进一步谈谈"旧知"在阅读与鉴赏中的重要作用：

寄江州白司马
［唐］杨巨源

江州司马平安否？惠远东林住得无？

溢浦曾闻似衣带，庐峰见说胜香炉。

题诗岁晏离鸿断，望阙天遥病鹤孤。

莫谩拘牵雨花社，青云依旧是前途。

杨巨源对于一般读者来说肯定是陌生的，但是初读时我们可以"按迹寻踪"把课本中的"旧知"联想起来：

1. 江州白司马：江州司马青衫湿→《琵琶行》→被贬官→浔阳。

2. 溢浦：住近溢江地低湿→《琵琶行》→浔阳。

3. 庐峰、香炉：日照香炉生紫烟→《望庐山瀑布》→李白。

4. 岁晏：岁晏有余粮→《观刈麦》白居易→一年将尽。

5. 青云：穷且益坚，不坠青云之志→《滕王阁序》→远大的抱负和志向。

有了这些基础，这首诗歌中很多难解的陌生诗句就会迎刃而解：从题目看是寄给白居易的，可见杨巨源和白居易应是朋友关系，此时白居易已被贬官，可推测诗人应该是关心朋友才写诗询问：平安否？住得无？（平安吗？住过吗？）"曾闻""见说"不是真见、真听，只是关切朋友生活的环境：滋江似衣带、庐峰胜香炉。岁末写诗但如失散鸿雁（音信已绝），距离遥遥渴望相见但如病鹤孤单。最后"青云依旧是前途"可见诗人对朋友的勉励——要有青云之志，远大抱负和志向才是正途。为什么要这样勉励朋友呢，一方面可能朋友遭贬官，容易心灰意冷；另一方面我们可以根据东林寺、雨花社等佛家地推测出诗人很担心朋友如佛参禅不问政事了！

我在诗歌教学中，特别重视历史地理知识的讲授，这些也可以成为解读一首诗歌的"旧知"系统，这些历史地理知识会直接影响学生对空间的想象还原，所以最后我还想再拿两首诗加以说明：

幽州新岁作

［唐］张　说

去岁荆南梅似雪，今年蓟北雪如梅。

共知人事何常定，且喜年华去复来。

边镇戍歌连夜动，京城燎火彻明开。

遥遥西向长安日，愿上南山寿一杯。

上面这首诗有五个重要的地理名词：幽州、荆南、蓟北、长安、南山，如果能准确理解这五个地理名词所处方位，对理解这首诗歌也会起到很大的帮助作用。把每个地点蕴含的旧知梳理可知：

1. 幽州：《登幽州台歌》、燕山一带、北方、边疆。

2. 荆南：荆州、湖北南部、古楚地。

3. 蓟北：《闻官军收河南河北》、"剑外忽传收蓟北，初闻涕泪满衣裳"、即河北、唐代幽州和蓟州一带、北方地区。

4. 长安：唐朝都城、陕西关中、京城。

5. 南山：终南山、长安、秦岭、寿比南山。

梳理完这些地理方位后，可知这首诗是诗人新年之时在北方边疆所写。时间的分界其实也是空间的分界，去年和今年带来南方、北方的差别，物候、植物也有变化。在年华流转之中，诗人感受到的却是环境的巨大变迁——故乡在南，战场在北，怎能不感慨？此时边镇响起戍歌，京城应彻夜烟火吧，远望南方故土，渴望早日建功，回到日思夜盼的故乡长安，献酒于君王，并祝他寿比南山。

另外一首是唐代诗人岑参《发临洮将赴北庭留别》：

闻说轮台路，连年见雪飞。

春风曾不到，汉使亦应稀。

白草通疏勒，青山过武威。

勤王敢道远，私向梦中归。

这首诗是一首留别诗，我们需要注意留别和送别的区别，李白有《梦游天姥吟留别》《赠汪伦》等典型留别诗，诗人要远行，朋友来相送，诗人向前来相送的朋友表达情意、诉说未来……我们还要特别留意这首诗中出现的五个地理名词：临洮、北庭、轮台、疏勒、武威。这五个地理名词标示了从起点到终点以及所经过的重要地点等几个重要节点。我们可以结合诗歌的两个注释完成"旧知"的转化。①临洮：在今甘肃临潭西。一说指临洮军。北庭：唐六都护府之一，治所为庭州（今新疆吉木萨尔北）。②轮

33

台：庭州属县，在今新疆乌鲁木齐。第二则注释，"轮台"，学生很容易想到岑参《白雪歌送武判官归京》中"轮台东门送君去，去时雪满天山路"一句。根据这三个地点的方位，可推断临洮为起点，北庭为目的地，轮台为接近终点的途经点。疏勒和武威两地，武威为现甘肃域内的城市，是河西走廊古丝绸之路上的重要途经地，由此我们进一步推断，诗人在"白草通疏勒，青山过武威"一句中，应着重写路途之艰辛。在一个"春风曾不到，汉使亦应稀"的边疆辖域完成君王交代的任务，既倍感压力，也自觉骄傲，最后油然生发一种"勤王敢道远，私向梦中归"的崇高的使命感了！

通过以上两首诗的分析，我们可以得出以下结论：如果说诗歌是一种诉说时间的艺术，那么地理名词意味着空间的建构，时空交错才能构成一个完满自觉的世界，成就一首立体可感的伟大诗篇。

总而言之，无论借助"旧知"展开"想象"，还是经由"想象"抵达诗意，我们都要感谢古代诗人前赴后继地在诗艺上的开拓和努力，他们的辛勤劳作留给我们宝贵的诗歌遗产，让我们的生活充满生机和诗意。从这个意义上讲，应该庆幸我国古代诗人没有在诗歌创作上循规蹈矩、停步不前，他们的继承与创新，改革与探索，才让我们品尝到更多语言结出的蜜和甜。

诗的事理性结构

中国古典诗歌向来被看作抒情言志的文学体式，在"诗言志""诗缘情"等经典诗学观念的引导下，读者尤其注重古典诗歌的抒情特色，并构建出一条抒情传统或者抒情路径。作为常用的诗歌阐释工具——"意象"，并非放之四海而皆准，有其一定的使用范围和限制，在中学语文教学中教师常把"意境"和"抒情传统"捆绑在一起，并作为鉴赏的重要工具甚至是唯一工具。这种强调"主观的生命情调与客观的自然景物交融互渗"①的主客观情景交融式的鉴赏，往往重点放到"情"的抒发和"主观情意"的表达上，有意无意遮蔽了古典诗歌的其他丰富特质。如汉乐府的"缘事而发"，白居易"歌诗合为事而作"，杜甫的"诗史"，宋诗对说理记事的追求，清诗对个人生活和心灵的关注……因此在传统鉴赏路径下，读者往往付诸直觉式、经验式、感受式、顿悟式，甚至"只可意会不可言传"的神秘式阅读，而对于大多数没有经过专业训练的普通读者（学生）仅凭经验和感觉赏析，就容易导致读不懂诗。在教学中，我们经常让学生通过想象来理解诗歌，但是鉴赏过程中，想象法并不实用，想象的切入点是什么？它的运行机制又是什么？我们就需要一种可靠的工具支撑这种想象。

一

圆满自证的"事"

在长期诗歌教学实践和个人阅读体验中，我发现在很多诗歌背后总是隐藏着一个"事"的概念，哪怕一首咏物诗或者以"意境"为主要表现形式的诗歌，创作者（诗人）或者诗歌塑造的艺术形象（人物形象）也会像一双隐性的手在操控着这件艺术珍品（诗）。枯藤、老树、昏鸦、小

---

① 宗白华. 美学与意境［M］. 北京：人民出版社，2009：191.

桥、流水……一个踽踽独行于天涯的旅人驻足凝视这些身边的"事象"，不禁感怀身世，伤心断肠。这些身边的"事象"，我们称之为融合了主观和客观事物的"意象"，并没有完全游离于"人"（或者称之为形象）而成为单独存在的审美客体，反而让我们能感受到一个完整的"事件"存在，即一个旅人在旅程中的某一个地点看到某些景物，然后结合自己的特殊经历产生了特定感情。从这个角度看，这一首"诗"便是一件圆满自证的"事"。

宇文所安在论及杜甫的《旅夜书怀》时说："杜甫的诗句可能是一种特殊的日记，不同于一般日记的地方在于它的情感强度与即时性，在于对发生在特定时刻的经验表达。……诗歌的伟大不是通过诗歌的创造表现出来，而是通过诗人与这一时刻和场景相遇的契机表现出来。"[1]"对杜甫的读者来说，这首诗不是虚构的：它是对一特定历史时刻经验的、特殊的、实际的描述也是诗人遭遇、诠释和回应世界。轮到读者，在某一后来的历史时刻，遭遇、诠释和回应这首诗。"[2]中国古典诗歌中也会运用隐喻、象征，但诗歌文本是真实、具体的，是诗歌创作者在某个特定时刻和地点对情感的强化和抒发，因此，这诗歌是流动的、

---

[1]［美］宇文所安.中国传统诗歌与诗学［M］.北京：中国社会科学出版社，2015：2.
[2]［美］宇文所安.中国传统诗歌与诗学［M］.北京：中国社会科学出版社，2015：4.

运动的，作为读者的我们，需要在诗歌的流动和运动中把握诗歌塑造的形象和世界。

周剑之在《事象与事境：中国古典诗歌叙事传统研究》一书中甚至说："诗缘情的观念，泛事观混融事、物的特点，使得诗歌叙事在相当长的一段时间内都没能成为诗学论述的中心。尽管细说起来，'事'是各种无处不在，但具体到'事'应当如何、'事'的价值如何、地位如何，则很少被提及，也很少提升到理论总结的层次。在强大的抒情诗论面前，叙事诗论容易隐没于其中。这也是为什么古代诗歌给我们留下了有利于抒情、而不适合叙事的片面印象"，[1] 她指出：中国古典诗歌对"事"的认识属于一种"泛事观"。[2] 这种"泛事观"造成"事与物的不分明、事态与事件的不加区分，意味着在呈现'事'时，不要求完整详细的叙事，而可以用景物的描摹、片段的事态来表现"。[3]

由此，我在教学实践中提出了"事理性结构"这一概念，即每一首诗歌的背后都有一个"人"的形象存在，"他们"（人物形象）在什么地点、什么时刻（季节），看到什么

（事物形象、景物形象），
听到什么（事物形象），
触到什么（事物形象），
嗅到什么（事物形象），
做什么（事件），感受
到什么（情感）。清人
魏象枢认为"古人之诗
出于性情"，具体来说就是"所居之地，所处之时，所与
之人，所行之事，所历之境，所见之物，至今一展卷了然"[①]，
这便是真诗。关注诗歌的事理性结构即"事境"（周剑之
语）的好处是，可以很容易引导学生在头脑中形成一首诗
的整体风貌。给他们提供一把能启发想象力的钥匙。我
试着以宋代诗人张镃的《竹轩诗兴》一诗用"事理性结构"
来分析：

竹轩诗兴

［宋］张　镃

柴门风卷却吹开，狭径初成竹旋栽。

梢影细从茶碗入，叶声轻逐篆烟来。

---

① ［清］魏象枢.寒松堂全集：卷十二［M］.北京：中华书局，1996：
655.

暑天倦卧星穿透，冬昼闲吟雪压摧。

预想此时应更好，莫移墙下一株梅。

　　张镃为读者给出的标题，将诗歌放在一个特定场合并告诉诗中所做的是何种陈述：诗人于竹轩之中赋诗一首。"兴"的具体内容是什么呢？他内心关注且有感触的是什么？诗人居于竹轩很容易让读者推断诗歌形象应为高雅之人。清风卷来，柴门被自然地吹开了。诗人（人物形象）应在竹轩之中，此时正透过门窗向外看去：柴门被风吹开，门前开辟不久的小路上刚刚栽种了篁竹。诗人（形象）"看"的状态是什么？此时读者仍处于想象的真空和盲区。"梢影"为所看之物，"叶声"为所听之声，看到篁竹枝梢的影子从茶碗之外移动（入）至茶碗之中。我们可以进一步推断，诗人居于竹轩，此时正焚香饮茶，目随梢影移入茶碗，足见时间之久，状态之闲，更能侧耳静听风抚竹叶，似与香的烟缕追逐。到这里，一幅包含着时间（可能是午后）、地点（竹轩）、人物（清雅之人）、做（闲看、喝茶、焚香）、看到（柴门、狭径、竹子、梢影、茶碗、篆烟）、听到（风吹叶声）一个相对完整的事理性结构就呈现在读者面前了。

　　在这样一个竹轩之中，诗人形象在某一个特定的时刻呈现出一种特定的状态。暑天呢？冬天呢？夏天疲倦之时

幽暗的透明

40

可以仰卧看天上的星辰，冬天闲适的时候可以为雪景赋诗一首。这岂不是诗人（形象）因对未来的憧憬而想象出的美好画面？或是对居于竹轩之中的幸福总结？莫要移除墙下那株梅花（看到的），因为无论夏季"日暮修倚竹"还是冬天月下赏梅花，都是恰到好处，人景两相宜啊。

其实，阅读诗歌是一个复杂而有序的重构过程，我们用阅读经验指挥、协调这首诗中的各种形象，拼凑起一个完整的地图或者一个即时性的"世界"。这样，潜伏于诗歌之中的意义和模式就在阅读者的重构中自然显现出来了。我建议学生不要急于挖掘诗歌的意义，甚至要求自己一眼就能判断诗歌第二联中的视听结合手法和比拟之类的修辞。如果我们头脑中没有构建出一个完整的想象图景，就很难理解诗人选择此种艺术形象的必要性，因为艺术手法是水到渠成自然呈现出来的，诗人不得不这样选择并使之成为形象塑造的必要支撑，而不是被读者生硬挖掘出来的。诗人看到"梢影"，听到"竹声"，这本是诗人在竹轩中感官的客观激发。诗人顿时兴致盎然，他注视着升腾起的篆烟，专注地听着风抚竹林的声音——一个视觉形象、一个听觉形象——然后把视觉转化为一种有生命力的东西，两种意象就这样生动地纠缠在一起了，并带来一幅有趣味的意境。"事理性结构"的构建并不排斥对意象的欣赏和情感的体悟，因为意象本身就是作为形象而存在于诗中的。我们可以通过一个图表"描绘"诗歌的整体风貌，虽然这种努力看似机械，但它是读者顺利进入诗歌幽境的前奏，是学生进入鉴赏阶段的基础，它能带来一种容易被感知的符合生活逻辑的图景，读者仿佛置身其中，并参与到诗人的诗歌行动和情感表达中了。

事理性结构		推断	佐证
人物		闲雅、隐逸的士人	竹轩、茶碗、篆烟……
时间		夏天	竹旋栽、梢影、预想……
地点		竹轩	题目
行为	看到	柴门、小径、竹、梢影、篆烟	首联、颔联
	听到	叶声	颔联
	做到		
	想到	暑天倦卧、冬昼闲吟、此时更好	颈联、尾联

再以《山寺夜起》为例："月升岩石巅，下照一溪烟。烟色如云白，流来野寺前。开门惜夜景，矫首看霜天。谁见无家客，山中独不眠。"作者给出的标题，已经告知读者时间为夜晚，地点是山中寺院，诗人（形象）半夜难眠（不眠），披上衣服打开禅房的木门（开门），山中的月、岩、溪、烟深深吸引了诗人的目光，诗人沉醉其中，不愿自拔（惜

夜景），抬头仰望（矫首看）竟满天霜华（霜天），想到自己是无家的客居之人（无家客），客愁一下子涌上了心头……

我们用同样的方法可以再看几例：

葛溪驿

［宋］王安石

缺月昏昏漏未央，一灯明灭照秋床。

病身最觉风露早，归梦不知山水长。

坐感岁时歌慷慨，起看天地色凄凉。

鸣蝉更乱行人耳，正抱疏桐叶半黄。

事理性结构		推断	佐证
人物		远离京都生病的旅人	题目、颈联
时间		秋天	秋床、尾联
地点		葛溪驿站、床上	题目、秋床、坐起
行为	看到	昏昏的缺月、微弱的油灯、凄凉的夜色	首联、颈联
	听到	未央之滴漏、鸣蝉	首联、尾联
	感到	病身最觉：风寒之痛、归家之难、身世之悲、鸣蝉之乱	颔联、颈联、尾联

和南丰先生出山之作

［宋］陈师道

侧径篮舆两眼明，出山犹带骨毛清。

白云笑我还多事，流水随人合有情。

不及鸟飞浑自在，美他僧住便平生。

未能与世全无意，起为苍生试一鸣。

事理性结构		推断	佐证
人物		于山中久居出山入世的诗人（两眼清明、超凡脱俗，有神仙之姿）	首联
地点		山路上	题目、首联
行为	做到	出山	首联、颔联
	看到	白云、流水、飞鸟	颔联
	想到	白云笑我、流水有情，虽不如自在之飞鸟、羡慕僧人任平生，但不能与世无争、誓为苍生鸣不平	颔联、颈联、尾联

残春旅舍

［唐］韩 偓

旅舍残春宿雨晴，恍然心地忆咸京。

树头蜂抱花须落，池面鱼吹柳絮行。

禅伏诗魔归净域，酒冲愁阵出奇兵。

两梁免被尘埃污，拂拭朝簪待眼明。

事理性结构		推断	佐证
人物		流徙异乡的士人	首联
时间		晚唐时节一个晚春雨后的清晨	旅舍残春宿雨晴
地点		异乡旅舍	旅舍残春
行为	想到	咸京、树头蜜蜂、残花落蕊、鱼吹池面、柳絮飘飞	颔联
	做到	写写禅诗、喝喝闷酒	颈联
	做到	勤拂梁帽尘埃以待皇帝开眼重振	尾联

二

定量的知识经验：时间 地点 人物

诗歌事理性结构的重新构建，并不是一个特别复杂的过程，它只是一次想象的具体行动，是用符合生活逻辑的方式搭建、构造和重塑艺术形象的过程。在这个过程中，读者需要借助已有的知识基础和阅读经验接近这次想象行为的边缘、尽头。

悲哉！秋之为气也

钟嵘在《诗品》中有言："气之动物，物之感人，故摇荡性情，形诸舞咏。"强调了外部环境对诗人创作的重要影响，"江山外有万不得已者在"阐明了这"万不得已"正是诗人灵感的临界和"词心"外显的契机。"悲哉！秋之为气也。萧瑟兮，草木摇落而变衰"，秋天所形成的肃杀气氛多么令人悲伤啊！清晨、午后、傍晚、深夜，一天之中诗人呈现出的创作状态和精神状态可能都会有所不同，四季时节、天气物候更是影响诗人的情感走向：

晨起动征铎，客行悲故乡。（《商山早行》温庭筠）

平旦驱驷马，旷然出五盘。（《早上五盘岭》岑参）

际晓投巴峡，馀春忆帝京。（《晓行巴峡》王维）

晓路雨萧萧，江乡叶正飘。（《吴松道中》晁补之）

黎明，车马的铃铎、翻飞的江燕催促游子踏上遥遥征途，难掩故乡悲思。"午后恣情寝，午时随事餐"，往往慵懒闲适。"放花无语对斜晖，此恨谁知"，夕阳西下，天色转暗，身处闺房的女子，因游子在外漂泊心境也逐渐黯淡下来。"夜深知雪重，时闻折竹声""明月松间照，清泉石上流"，心灵的孤独沉重或空灵禅意都与浓浓夜色融为一体。

初春之时，"绿杨烟外晓寒轻，红杏枝头春意闹"，自是一派好风光、好心情；晚春之时，雨打花落，流水无情，诗人不免伤春惜春，伤人感时。"接天莲叶无穷碧，映日荷花别样红"，可以悠闲自在"听取蛙声一片"。西风渐紧，这草木摇落的悲哀，便成为中国文化的大传统，成为我们有生之物的生命的共感，所以杜甫说"摇落深知宋玉悲"，千百年来诗人们在不同年代，但在同一个季节，演奏编织出深沉的合鸣。穿越茫茫风雪的目光，有"晚来天欲雪，能饮一杯无"的悠哉闲适，"夜来城外一尺雪，晓驾炭车碾冰辙"的同情关切，亦有"孤舟蓑笠翁，独钓寒江雪"的清冷孤寂，还有"瀚海阑干百丈冰，愁云惨淡万里凝"的悲壮惨烈。

前不见古人，后不见来者

沈德潜在《说诗晬语》中说："怀古必切时地……刘沧咸阳、邺都、长洲诸咏，设色写景，可互相统易，是以酬应为怀古矣。"万岁通天元年，契丹攻陷营州。武攸宜率军征讨，但他为人轻率，少谋略。诗人陈子昂接连献言被拒，并降军曹，登上蓟北楼，慷慨悲吟，写下《登幽州台歌》。幽州台也叫招贤台、黄金台，燕国时期燕昭王为强国招贤纳士，构建高台，置黄金于台上，作为对人才的封赏。曾经人尽其才，此时贤良埋没，幽州台恰成为诗人情思喷薄的契机和平台，设想如果没有幽州台，诗歌长廊必缺少一颗奇异的珍珠。因此，登临送目，怀古抒幽，必切其地。

可以进一步推测：怀古诗发生的背景一定是一个有古迹（楚庙、故居、南京、金陵、石头城、赤壁、建邺、建康、幽州台、黄金台、凤凰台、姑苏台、丛台）的地方，这个地方在古代曾经发生过重要的历史事件，留下了古代的宫殿或古战场的遗址，或者古代某些重要的历史人物曾在这里活动过，留下了他们的故居，或是他们的坟墓。凡是有这些古迹的地方就是产生怀古诗的环境，诗人走到这里，缅怀历史，他们就会写诗表达心中的感受。

怀古诗也往往与诗人自己的生平遭遇密切相关。当诗人来到某些古迹时，曾在那里活动的历史人物，曾在那里发生的历史事件，如果与诗人的遭遇有某种相似之处，就会在诗人内心产生深刻的共鸣。在这种情境下写出来的怀古诗，就会具有格外深沉的抒情意味。

这促使我们阅读诗歌时自觉发问：此地为何？因为，诗中地点在一定程度影响了阅读的朝向。驿站（《葛溪驿》《残春旅舍》）和轩室（《竹轩诗兴》《题许道宁画》《奉和袭美抱疾杜门见寄次韵》《赠别郑炼赴襄阳》），闺阁（《阮郎归·春风吹雨绕残枝》《画堂春·落红铺径水平池》）和边疆（《出关》《幽州新岁作》），古迹（《金陵望汉江》《赤壁怀古》《金陵怀古》《京口北固亭怀古》）与市井（《青玉案·元夕》《魏了翁》），台楼（《画堂春·落红铺径

48

水平池》《金陵望汉江》）与山野（《山寺夜起》《插田歌》），水边（《鹊桥仙·赠鹭鸶》《雨霖铃》）及江中（《晓上空泠峡》），南方（《南中荣橘柚》）及北地（《出关》《幽州新岁作》）都会带来不同的诗意和情思，诗人置身其中，因地点和环境决定了诗人抒发感情的内容，也因为抒情的需要选择了这样的地点。这就需要读者根据经验进行信息解码：

从临洮（甘肃）即将发赴北庭（新疆），甘肃距离新疆千里，自然有了对新疆轮台（今乌鲁木齐）的想象（"闻说"）：轮台连年雪飞，东风也不及此地，唐人更难到达，一路经疏勒，过武威……（《发临洮将赴北庭留别》岑参）

朋友郑炼赴襄阳（湖北）上任，诗人久病在成都的家中，不禁感慨：自此一别，我在峨眉山下，君在岘山之尾，地阔天高，何由再见？（《赠别郑炼赴襄阳》杜甫）

在日常教学中，如果忽略对基本历史地理学知识的传授，就会导致学生的想象缺乏空间感和方向感。比如"函谷关""居庸关"，大部分学生以为这些关隘地处西方边陲大漠之中；更是对"江东子弟多才俊"中的"江"和"东"的关系认识模棱两可，甚至有很多学生不知道"直把杭州作汴州"的"汴州"在何处……诗歌阅读和鉴赏能力的提升，绝不仅在于方法的掌握和规律的探寻，需要教师认真思考学生的想象力该如何才能被科学地引导和激发。

放花无语对斜晖，此恨谁知

吴乔在《围炉诗话》中言及"诗中须有人，乃得成诗"，进而说："夫子言诗，亦不出于哀乐之情也。诗而有境有情，则自有人在其中。"诗歌中必定有人物形象的存在。

"诗言志"的传统决定了诗歌的背后总是站着一个士大夫的形象，多以国家兴亡、民生疾苦、胸怀抱负、宦海沉浮的情感表达为主，虽然也有以闺怨诗为题材的怨妇形象出现，但怨妇往往是士大夫在处理君臣关系时的一种隐喻表达，因为君臣关系和夫妻关系有一种隐秘的对位关系。

"词言情"使得词这种文体在初期多以塑造女性形象为主。唐代欧阳炯在《花间集序》中描述了词的创作情景："则有绮筵公子，绣幌佳人，递叶叶之花笺，文抽丽锦；举纤纤之玉指，拍按香檀。"词一开始被称为"诗馀"，士大夫并不重视词的创作，随着商业的发展，市井居民有了新的娱乐需求，一些士人以"绣幌佳人"的视角为她们创作大量词作，"凡有井水处，皆能歌柳词"，豪华席位上的公子，彩绣帷幔遮挡的闺房中的佳人，互相传递一页页的五色花笺，写出一首首构思巧、文辞美的诗章。因词具有一种细腻感发的特质和力量（叶嘉莹语），吸引着士大夫加入诗词创作的队伍当中，文人之"志"逐渐融入其中。所谓"豪放词"是伴随着男性（士大夫）形象的投入而产生的。所以我们需要让学生阅读词时关注作者所处时代，辨别词的长短，可能这些都会影响读者对词中人物形象的想象。

画堂春·落红铺径水平池

[宋] 秦 观

落红铺径水平池，弄晴小雨霏霏。杏园憔悴杜鹃啼，无奈春归。

柳外画楼独上，凭栏手捻花枝。放花无语对斜晖，此恨谁知？

我们可以按照诗歌的事理性结构进行分析这首词：时间是晚春，主人公是女子，地点应为深闺之中。春雨忽来忽散，水池满涨，落红满地，杜鹃啼鸣，春天远去，留于女孩子心中多少无奈。杨柳依依，女孩独上高楼，手搓揉着杏园花枝，远远地注视着夕阳西下，百无聊赖把花枝置于栏杆之上，这满满的心事，可向何人诉说啊！

背景	晚春之时、深闺花园
人物	女子
行为	
看雨打衰红、听杜鹃啼鸣—（折一枝花）—上楼—凭栏—捻花—放花—对视夕阳—心有所恨	

钱锺书先生在《宋诗选注·序》中是这样看待词的，有助于我们对于词中人物形象的理解：

宋人在恋爱生活里的悲欢离合不反映在他们的诗里，而常常出现在他们的词里。如范仲淹的诗里一字不涉及儿女私情，而他的《御街行》词就有"残灯明灭枕头欹，谙尽孤眠滋味；都来此事，眉间心上，无计相回避"这样缠绵悱恻的情调，措辞婉约，胜过李清照《一剪梅》"此情无计可消除，才下眉头，又上心头"。据唐宋两代的诗词看来，也许可以说，爱情，尤其是在封建礼教眼开眼闭的监视之下那种公然走私的爱情，从古体诗里差不多全部撤退到近体诗里，又从近体诗里大部分迁移到词里。①

三

符合生活逻辑的想象

上文我从切人、切时、切地等角度对诗做了重点分析，那么事理性结构的梳理是否就顺理圆满了呢？在实际教学中，有时我发现学生阅读诗歌时存在想象缺乏逻辑的问题，因为中国古典诗歌往往缺少必要的动词和虚词，导致诗句

---

① 钱锺书. 宋诗选注［M］. 北京：三联书店出版社，2006：8.

缺乏有逻辑性的描述，这就需要教师引导学生进行符合生活逻辑的想象，所谓符合生活逻辑，就是在单个景物的判断、景物之间的组合、人物与景物之间的关系、人物的行为方式上要按照正常生活的方式加以想象，不是超越现实生活的，不是僭越想象的现实基础的，因此绝对不是幻想、冥想。像我们熟知的李白《梦游天姥吟留别》一诗对神仙世界大胆而夸张的想象，也没有逾越读者对神仙世界已有认知的边界。

温庭筠有一首词《梦江南》："千万恨，恨极在天涯。山月不知心里事，水风空落眼前花，摇曳碧云斜。"苍山明月不知心里事，水面低吟的风吹落眼前花。碧云飘飘荡荡……到这里，读者理解上基本没有什么障碍，可是"斜"呢？一朵飘飘荡荡的云倾斜了，这是很多学生正常的认知，可是我们不禁要问：云怎么会倾斜？这时我们就要即时调整想象逻辑：抒情主人公遥望天涯尽头，心中有无限思绪，东风拂面，云朵飘荡，被吹向远方，因伫立遥望之久，云慢慢飘向地平面……这样学生就一下子明白"斜"，原来不是碧"云"物理意义上的倾斜，而是因女子长久地注视着那牵连着思绪到天涯尽头的云朵啊，因为天涯尽头有女子思念和挂念的人儿。因为云朵的飘荡不定，女子心绪随之动荡不安，云朵西沉，女子的心情随之沉重了。

我再举个例子：王安石《葛溪驿》首联"缺月昏昏漏未央，一灯明灭照秋床"中，许多学生都不太明白"漏"为何物？常见的回答是"屋子漏了"，如果理解为漏下来昏昏月光还能勉强说得过去，可有些学生理解为"床头屋漏无干处"的意思。显然，一方面缺月昏昏，另一方面又雨漏床头，这就是一种不符合生活逻辑的想象！从"未央"二字入手，学生可以想到的"夜未央"，或者"未央宫"，"未央"有不停息之意。需要进一步发问：什么东西是不停息的？"漏"应为名词，是像前文"月"一样的一个"物"，因此可以联想到"滴漏""沙漏"等词汇，这样思维就一下子打开了，这里的"漏"应是一种计时工具。诗人居于异乡的小驿站，又因为旅途劳顿生了病，此时看什么听什么都会因坏情绪放大很多倍，这是"移情"的作用。"月"是缺月，而且昏昏，听着计时的"漏"一直"哒、哒"响个不停，灯光忽明忽暗，床上被衾冷似铁，真是悲惨至极！童庆炳曾说："毫无规则的、海阔天空的、无主题的联想与诗本身相去甚远，不能使我们进入诗所规定的情景之中，因而不但与审美体验无关，而且还要妨碍审美体验的产生。"①

---

① 童庆炳.中国古代心理诗学与美学［M］.北京：中华书局，1992：127.

我们可以继续读一下清代诗人徐兰的绝句《出关》：

出关

[清] 徐 兰

凭山俯海古边州，旆影风翻见戍楼。

马后桃花马前雪，出关争得不回头？

题目中的"关"为居庸关，诗人（或者人物形象）要出关了，背靠大山，俯瞰大海，远处是古代边疆的州城。这里我要按一下暂停键，稍有地理常识的人应该知道，居庸关居于内陆，位于北京以北不远的燕山山脉之上，这里怎么可能有大海呢？到这里我们就需要引导学生调整一下思维，"海"是什么才符合常识，调动一下过去所学，至少很容易想到"瀚海阑干百丈冰"的诗句，这里的"瀚海"指沙漠，沙地。或者，什么像我们现代"海"的样子？有可能是"湖"。不管是沙漠还是湖泊，至少这种判断是符合基本常识和逻辑的。那边疆之城，隐约可见戍守的城楼，我朝的旗帜迎风烈烈。

"马后桃花马前雪"，第二个形象——"马"出现了，人和马的关系应该怎样？人骑着马。战马的后面是桃花，前面是大雪，这又是怎么回事？战马的后面，应为人的后方，那里应该是内地，应该是中原，应该是家乡；前方呢，应该是瀚海、是胡地、是异乡。这样桃花、大雪之意就很清晰了，这里分别指代故乡和异乡，因桃花美丽，给人温暖的感觉，大雪凛冽，给人冷酷的感觉，所以这里又有象征的意味了。故乡的温馨和异乡的冷酷形成鲜明的对比，出关之时我争得不回头。又要按暂停键了，为什么要争得不回头？跟谁争？难道前方如此险恶，要争着前往吗？这显然不是符合生活逻辑的想象了，我们需要再一次调整。诗句末尾的问号其实也会提醒我们的错误（要注意，古代是没有标点的）。但是作为一个现代读者，已经存在的问号提醒我们这应该是一个问句。所以我们可以试着从疑问、反问、设问三种句式进行解释。会发现这句话应该是一个反问句：马后桃花马前雪，出关之时如何不让人回头留恋呢？这样的想象是符合逻辑的，这样的事理性结构是符合常识的。在这里，"争"字引发了歧义，这里的"争"字应为反训词，有"怎"之意。其实调动旧知，学生熟知"争渡、争渡，惊起一滩鸥鹭"，"争"字也应该是"怎"的意思，如果是"争着渡、争着渡"，给人感觉像是一群莽汉、悍妇所做之事，全然失去李清照词中的温婉秀雅了。①

　　我想再次重申，诗歌的事理性结构不是把诗歌里的形象进行生硬组装，这个过程是一种诗歌形象的再加工和构建想象的过程。阅读本身就是一件复杂而奇妙的过程，需要经过充分的阅读和想象的训练才可以融会贯通。我特别喜欢宇文所安的一句话：在非虚构性的中国抒情诗中，作品本身就是完美世界的一个窗口，从远处看"晦暗不明"，但一旦趋近则变美得"清晰明了"了。②

————————

①张相在《诗词曲语辞汇释》（中华书局，1977年版第248页）一书中，对"争"这个词有详尽解释："争，犹怎也。自来谓宋人用怎字，唐人只用争字。唐玄宗《题梅妃画真》诗：'霜绡虽似当时态，争奈娇波不顾人。'白居易《题峡中石上》诗：'诚知老去风情少，见此争无一句诗。'又《燕子楼》诗：'见说白杨堪作柱，争教红粉不成灰！'杜牧《边上闻笳》诗：'游人一听头堪白，苏武争禁十九年！'韩偓《哭花》诗：'若是有情争不哭！夜来风雨葬西施。'许浑《经故太尉段公庙》诗：'纪生不向荥阳死，争有山河属汉家！'皆其例也。此习见，略以唐诗为例，不备举。"
②［美］宇文所安.中国传统诗歌与诗学［M］.北京：中国社会科学出版社，2015：35.

古典诗歌的兴发和感动兼论景情之关系

叶嘉莹先生在题为"从中西诗论的结合谈中国古典诗歌的评赏"的演讲中深情地说:"我认为我国古代诗歌中有一种兴发感动的生命,这生命是生生不已的,像长江、黄河一样不停息地传下来,一直感动我们千百年以下的人。我认为这才是中国古典诗歌中最宝贵、最可重视的价值和意义之所在。学习古典诗词,还不仅是学习一种学问知识而已,重要的是要使青年人的心灵复活起来,让他们以生动活泼的心灵，来欣赏、体会中国古代诗歌中的一些伟大、美好的生命，这才是学习中国古诗词的最重要的一点意义和价值。所以如何养成体认和衡量诗歌中这种兴发感动之生命的能力，实在该是评赏中国古典诗歌的一项重要基础。"[1] 如果我们看到自然界碧水青山、花红柳绿的风景，只是机械记叙风景，没有自身内心的感动，就写不出好诗。所谓"情动于中而形于言"，首先心中要有一种感动，然后用语言把它表现出来。文学在某种程度上是一种"凝视"，大自然的变幻之美或人世间的流迁无常，在极细微处可以牵动人心，但需要细腻的内心和敏捷的观察力并诉之笔端。有人甚至说："一首诗假如是贫乏的，很有可能是因为诗人在花丛中站得不够久——不能用新颖的、激动人心的、生动的方式去看他们，而非因为他对词语的掌握不够。"[2] 清代词学家况周颐在《蕙风词话》中曾说过："吾观风雨，吾览江山，常觉风雨江山之外，别有动吾心者。"这才是诗歌孕育的开始，也是读者阅读诗歌的审美起点。锺嵘在《诗品序》中说："若乃春风春鸟，秋月秋蝉，夏云暑雨，冬月祁寒，斯四候之感诸诗者也。嘉会寄诗以亲，离群托诗以怨。至于楚臣去境，汉妾辞宫；或骨横朔野，或魂逐飞蓬；

---

① 叶嘉莹.古典诗词讲演集［M］.石家庄：河北教育出版社，1997：2.
② ［美］玛丽·奥利弗著，倪志娟译.诗歌手册：诗歌阅读与创作指南［M］.北京：北京联合出版公司，2020：98.

或负戈外戍，或杀气雄边；塞客衣单，孀闺泪尽；或士有解佩出朝，一去忘返；女有扬蛾入宠，再盼倾国。凡斯种种，感荡心灵，非陈诗何以展其义，非长歌何以骋其情。故曰：'诗可以群，可以怨。'"可见自然界和人世间的变化都有足以感动人心的力量。从某种程度上讲，诗歌传达的是一种兴发感动的作用，要有一种兴发感动的生命才是好诗，诗歌不是形象的罗列，没有传达出感动的生命就很难称之为一首好诗，钱穆先生拿《红楼梦》林黛玉论诗一事做例来说明有无情趣和意境是区别好诗和坏诗的标准。林黛玉说像"重帘不卷留香久，古砚微凹聚墨多"这样的诗千万不能学，这种诗只见物象的堆积，少了人和情的存在，要多学王维、杜甫、李白、陶渊明的诗。钱穆说王维"雨中山果落，灯下草虫鸣"一句能"透露出天地自然界的生命气息来"。[①] 莱辛也说："诗所选择的那一种特征应该能使人从诗所用的那个角度，看到那一物体的最生动的感性形象"。[②] 所以，作为读者要善于在优秀的古典诗歌中感受那些兴发感动，做"一种设身处地之体悟"（同上），体味"韵味之致""味外之旨"（司空图《与李生论诗书》）。

叶嘉莹先生认为蕴藏在诗歌之中的感动主要有两种来

---

① 钱穆.中国文学论丛·论诗［M］.北京：生活·读书·新知三联书店，2002：113.
② ［德］莱辛.拉奥孔［M］.北京：人民文学出版社，1979：182.

源，一个来自自然界景物节气变化，是"悲哉！秋之为气也，萧瑟兮草木摇落而变衰""感时花溅泪，恨别鸟惊心"等等"动吾心者"；另一个来自人事间悲欢离合的遭遇，是"劝君更尽一杯酒，西出阳关无故人""可怜身上衣正单，心忧炭贱愿天寒"等等"感荡心灵"者。如果考察中国传统诗歌的表达一定是绕不开中国诗歌源头《诗经》的，诗三百所用到的"赋""比""兴"三法，是"表现这种感法之生命的三种最基本的方式"。[1]历史上有关这三法的研究很多，但众说纷纭，纠缠不清，有时指艺术境界，有时候又指艺术手法，很难在阅读上有很实际的指导意义。接下来我想借鉴叶嘉莹先生对这三个手法在感兴上发挥的具体作用的观点来展开论述。

南宋朱熹在《诗集传》对赋、比、兴的解释比较通行："赋者，敷陈其事而直言之者也"，即铺陈直叙；"比者，以彼物比此物也"，就是引譬设喻；"兴者，先言他物以引起所咏之辞也"，也就是触景生情，托物兴感，启发联想和想象。从朱熹的解释上看，"赋"侧重于"事"，"比""兴"侧重于"物物""物我"之间的关系。无论哪种方法，他们都试图引导读者更深刻地感受自己的情感，理解个人的处境，使人产生更加愉悦的精神体验。

---

[1] 叶嘉莹.迦陵论词丛稿［M］.石家庄：河北教育出版社，1997：4.

一

比、兴二法

察见物候变化，倾听蝉鸣蛙歇，细嗅篆烟暗香，触感衣湿夜寒，味尝茶苦梅酸，心中不免荡起几朵涟漪，成为引起心智与情感体验的源泉。陆机《文赋》中说"悲落叶于劲秋，喜柔条于芳春"，看到树叶凋零，就引起内心悲戚；觉察柳条变软，遂满心喜悦。简单来说"兴"就是见到物，内心生发出了一种感动。《诗经·周南·关雎》这首诗是个典型的例子：

> 关关雎鸠，在河之洲。
>
> 窈窕淑女，君子好逑。
>
> 参差荇菜，左右流之。
>
> 窈窕淑女，寤寐求之。
>
> 求之不得，寤寐思服。
>
> 悠哉悠哉，辗转反侧。

栖息在河中的小洲里传来关关和鸣的雎鸠，看到一对水鸟喜乐富有生命力，自然想到应该去追求美好的伴侣，以至"寤寐思服""辗转反侧"，像"蒹葭苍苍，白露为霜。

所谓伊人，在水一方"也是类似的情形。这种物与人的关系是一种由外物到人心的，由物及心。简单讲就是先有"物"后有"情"。鲍照《拟行路难（其四）》中"泻水置平地，各自东西南北流。人生亦有命，安能行叹复坐愁！"两句就是由"泻水"引发对生命无常的感慨，平地上倾倒杯水，水便向四处分流，诗人的命运不能"如黄河落天走东海也"（［清］沈德潜《古诗源》），反复无常，无法自控，诗人虽然不甘认命但也无法反抗，所以举杯痛饮自我宽慰，但是"举杯消愁愁更愁"，因为心非"木石"，只能忍气吞声、徘徊不前了。这就是由外物写到内心感受，都是"兴"法，可以叫触景生情。

我们可以通过《诗经·魏风·硕鼠》这首诗来说"比"这种手法："硕鼠硕鼠，无食我黍！三岁贯女，莫我肯顾。逝将去女，适彼乐土。乐土乐土，爰得我所。"大田鼠呀大田鼠，不许吃我种的粮食！多年辛勤伺候你，你却对我不照顾。这首诗第一句"莫我肯顾"即"莫肯顾我"，是一个宾语前置句，"逝"通"誓"，发誓定要摆脱你，去（适）那乐土有幸福。那乐土啊那乐土，才是我的好去处！这首诗显然不是写给大老鼠的，而是用现实中的大老鼠跟剥削者做比。为什么要把剥削者比成大老鼠，是因为心中一直有对剥削者的怨恨，所以用一个物来做比喻，这就是"由心（人）及物"的写法。先有了某种强烈的感情，抑制不住拿出一个形象做比喻，即先有情意再安排一种形象加以表现，如果拿景和情之间的关系看，先有情后有景，这叫寓情于景，把强烈的情感寄托在相关景物形象上，比如"问君能有几多愁，恰似一江春水向东流""心非木石岂无感？吞声踯躅不敢言"都是这种写法。古人常说"比兴不分"，是因为我们要考虑诗人创作心理的复杂性，比如《硕鼠》这首诗，是有了怨恨才找到老鼠这种形象做比，还是先看到了老鼠才想到剥削者的，实际上这里很难有一个清晰的分界线，因为人的心理活动是复杂的、变动的、交融的，很难说哪个一定在前哪个一定在后。实际上"泻水置平地，各自东西南北流"也可以看成是一种"比"，把无常的生命比喻为平地上流淌的水；男子说不定在看到关关而鸣的关雎之前就已经有了强烈追求女子的冲动了，"关关雎鸠"只是引起情感抒发的导火线而已。所以，我们要辩证地看待"比"和"兴"，之所以还要进行区分，是为了遵循鉴赏和阅读的便利，但未必是适合诗的读法。

二

景和情的交互感发

我拿两首诗来进一步说明这种景和情的交互感发，王国维在《人间词话》里说"昔人论诗词，有景语、情语之别。不知一切景语，皆情语也"①，这也是初高中语文课上最常被提及的一句话，且不论研究景情关系是否是最符合诗的本质的研究方法，但这至少是比较容易把握的一种方法，能比较清晰辨识景语和情语以及他们的关系，所以对于阅读诗歌还是很有帮助的。第一首诗：

端居

［唐］李商隐

远书归梦两悠悠，只有空床敌素秋。

阶下青苔与红树，雨中寥落月中愁。

"端居"为闲居之意，从"旧知"上讲，"欲济无舟楫，端居耻圣明"（孟浩然《望洞庭湖赠张丞相》）一句诗已经有所涉及。首句"远书归梦两悠悠"显然是情语，第二句为景语。情语是外显的，可以直接分析，"远书"意为远方的书信，或者寄给远方的书信，"归梦"意为归家之梦，做了一个回家的梦。有远方的书信，有回家的梦，连起来就很容易理解作者要表达归家思乡之情。这种归家思乡之情如何表现呢？"素"是白色的意思，秋天是白色的吗？

---

① 王国维.人间词话［M］.上海：上海古籍出版社，1998：34.

显然这是"独在异乡为异客"的孤独让作者感受到一种难以禁绝的寂寥凄寒了，素是冷色调的，也可能是房间里洒下的清冷月光，一张寂寞"空床"相对，更感悲凉凄怆。先有情，后有景，此为"寓情于景"。"青苔""红树""雨中""月中"，诗人转移窗外之景，进一步深化这种异乡之悲。窗外似乎鲜亮的景物，与屋内的暗淡形成鲜明对比，但两者都带着透彻心扉的寒冷，染上作者浓厚的主观色彩，这就是一种移情于景的运用。

第二首诗：

葛溪驿

［宋］王安石

缺月昏昏漏未央，一灯明灭照秋床。[1]

病身最觉风露早，归梦不知山水长。[2]

坐感岁时歌慷慨[3]，起看天地色凄凉[4]。

鸣蝉更乱行人耳，正抱疏桐叶半黄[5]。

从题目可以判断这是一首羁旅行役诗，1、4、5为景语，2、3为情语，如果把1、2放到一起看，是典型的"起兴"法，是触景生情。首联中"秋床"一词可说是"空床敌素秋"的浓缩版（"旧知"的另一种形式），昏昏残月、未尽之漏、一灯忽明忽暗、空床素秋给驿站带来浓厚的凄凉氛围，这种氛围触发了作者怎样的情感？"病身"说明生病，"归梦"说明想家，"感岁"说明对生命有所慨叹，加之羁旅在外，诗人可谓心烦意乱。身体之病、羁旅之困、怀乡之愁，加上最后疏桐蝉鸣，将诗人的烦乱渲染到极致。触景生情又寓情于景，诗人营造了一个情景交融的完整意境。

三

诗人的邀请

　　上面两首诗，我只是从技术层面分析了诗歌并"读懂"了诗歌，作为一名高中学生，面对考试题，停留于此或许可以得到满分。但实际上我们还应该深入思考，一首诗歌，真正能引起我们感动的是什么，它又是如何引发我们感动的。我们是否应该把一首诗当作"诗"来阅读？如果按照分析式的读法，《端居》这首诗可以简化成下面这样：

远书归梦，

空床素秋。

青苔红树，

雨月中愁。

那么，"悠悠""敌""阶下""寥落"都去哪里了，它们无足轻重吗？"悠悠"二字，虽然是齐齿呼，但 ou 韵母声音较柔，带来牙齿和气息之间的怅然若失，嘴唇渐收拢，舌根抬高，口型从大圆到小圆，又带来一种空廓和虚无，家书不至，归梦难觅，杳邈难期，不禁从心灵深处发出来一声长长的叹息。"敌"字用力之猛，把空床独寝之人无法承受的心理和情状逼出来了。"青苔""红树"虽然都是秋天凄冷之物，从颜色上看，一冷清，一热烈，干干净净，很珍贵也很美好，但是也"寥落"了。我们知道，李商隐的人生始终伴随着身世和时世的迷茫与悲凉，他深陷党争，母亲去世让李商隐在仕途上错过最佳时机，幕府期间，低微的官职，渺茫的前途，落寞之余妻子溘然而逝，虽然这首诗不是李商隐人生整体写照，但也在"寥落"之间不知不觉把深藏于心中最幽微最深隐的那份情丝流露出来了。"每一首诗、每一篇文学作品，都有一种'显微结构'（microstructure），它的每一个发声、每一个形象、每一个语法、每一个句式、每一个韵律，所有这些'质素'（elements）都产生一种使读者感动的作用。"① 诗歌里那些有质地的想象和修辞、那些可体验之物让我们关注隐喻、

---

① 叶嘉莹. 古典诗词讲演集［M］. 石家庄：河北教育出版社，1997：154.

明喻、拟人、风格、氛围、细节、人物，让我们与诗人一起眺望浮云、衰草、枫林，凝视房间中的桌案、茶碗、诗集、尘封已久的素琴和窗外投射进来的疏影和月光。这一切，让我们感受到诗人真诚而热情的邀请！

《人间词话》里："南唐中主词'菡萏香销翠叶残，西风愁起绿波间'大有众芳芜秽，美人迟暮之感。"①"《诗·蒹葭》一篇，最得风人深致。晏同叔之'昨夜西风凋碧树。独上高楼，望尽天涯路'意颇近之。但一洒落，一悲壮耳。"②在这些诗句中，"菡萏""翠叶""绿波""碧树"就是一个个语义密码（*code*），传递和转译出美好而珍贵之物被摧残、销毁的悲哀，也就有了王国维上面"众芳污秽""美人迟暮""悲壮"的评语了。

四

叙事的力量

中国抒情文学的传统中，赋这种叙述性手法存在感似乎最弱，教师在讲授诗歌时也最容易忽视"赋"在表达情感上的作用。赋是如何传递这种感动的力量的呢？我们需要给学生讲清楚。赋就是直言其事，它在直接叙述中带来

---

① 王国维. 人间词话［M］. 上海：上海古籍出版社，1998：4.
② 王国维. 人间词话［M］. 上海：上海古籍出版社，1998：6.

兴发感动的作用，不用假借外在的事物，假借任何鸟兽虫鱼的形象来表达情感，而是直接叙述，通过叙述来传达情感的力量，比如《诗经·郑风·将仲子》：

> 将仲子兮[1]，无逾我里[2]，无折我树杞[3]。岂敢爱之[4]？畏我父母[5]。仲可怀也[6]，父母无言亦可畏也[7]。
>
> 将仲子兮，无逾我墙，无折我树桑。岂敢爱之？畏我诸兄。仲可怀也，诸兄无言亦可畏也。
>
> 将仲子兮，无逾我园，无折我树檀。岂敢爱之？畏人之多言。仲可怀也，人之多言亦可畏也。

这首诗歌完全不需要外在事物的陪衬表达感情，就直接叙述了，就是用直接叙述的口气来传达这份感动，一个女孩子想要爱这个"仲子"，又不敢大胆爱，就要在说话的语气之间把要爱而不敢爱的感情表现出来。从第一句"将仲子兮"就是，如果是直呼"仲子"，给人感觉是一种失去情味的召唤，如同父亲叫唤孩子："老二！"这样的召唤就太死板、太单调、太没有情味。但是"仲子"加上"将""兮"这样的虚字，就仿佛有了一种感情在里面了，"将仲子兮"就有了"亲爱的小二哥呀"这样一种感动，这里不用把感情假借任何外界的形象用说话的语气就表现出来了。其实像杜甫《兵车行》等很多诗歌也是用直接叙事的方式带来非常饱满的感动人的力量。接下来，"无逾我里，无折我树杞"就有了感情上的转折，"你别翻越我家门户，别折了我种的杞树"，两个严肃的否定词一下子带来感情上的距离，是很伤感情的。从"将仲子兮"那种很委婉的爱的表达一下子拉回到现实的窘迫。"岂敢爱之？"你把我家的树枝折断，我哪是舍不得我家里的杞树呵？给了仲子希望。"畏我父母"，我只是畏惧自己的父母，又回到现实。你着实让我牵挂呀，但父母的话还是让我害怕。这样，女孩子想爱又不敢爱，不爱又不能的矛盾、反复的感情就通过叙述的方式传达出来了，产生一种曲折回复的情感力量。

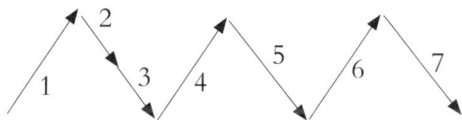

《将仲子》感情变化图

高中语文教材中的《氓》选自《诗经·卫风》，是中国古代早期叙事诗的典型代表，这首诗篇幅较长，有强烈的叙事性，有的学者认为此篇"可作为短篇小说读"（陈子展《诗经直解》），同时又具有浓郁的抒情风格。中国古代文学的抒情传统使得读者更容易接受以"比""兴"为主的抒情诗，但如果只是把这首诗当作短篇小说读，我认为作为读者很难感受到"赋"这种手法蕴含的叙事力量，以及叙事背后的情感力量，学生也很难对"赋"这种诗歌传统艺术手法有更深刻的审美感受。在实际教学或者鉴赏中我们往往忽略一二诗节丰富的表现力以及对诗歌情感力量的推动作用。像读《将仲子》这首诗一样，如果我们把这首诗的前两节诗句编上号码，很容易通过曲折往复的叙事变化，感受"氓式渣男"的诡计多端、喜怒无常，女子"恋爱脑"时的痴情和义无反顾。这种叙述力量恰恰给诗歌表现女主人公的"独特心境"——克罗齐所说的"创作中的一定情境中的独特心境"（《普通高中教科书教师教学用书（语文选择性必修下册）》）——做了很好的蓄势和铺垫：

氓之蚩蚩，抱布贸丝[1]。匪来贸丝，来即我谋[2]。送子涉淇，至于顿丘[3]。匪我愆期，子无良媒[4]。将子无怒，秋以为期[5]。

乘彼垝垣，以望复关[6]。不见复关，泣涕涟涟[7]。既见复关，载笑载言[8]。尔卜尔筮，体无咎言[9]。以尔车来，以我贿迁[10]。

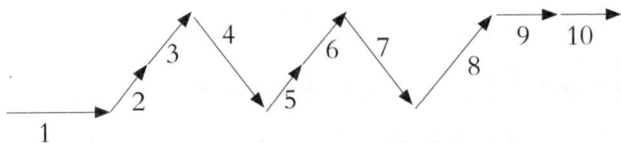

《氓》感情变化图

选入高中语文教材中的另一首诗歌《诗经·邶风·静女》，以男子的口吻叙事，我们也同样能在曲折有致的感情变化中感受到女主人公的俏皮和深情：

静女其姝，俟我于城隅[1]。爱而不见，搔首踟蹰[2]。
静女其娈，贻我彤管[3]。彤管有炜，说怿女美[4]。
自牧归荑，洵美且异[5]。匪女之为美，美人之贻[6]。

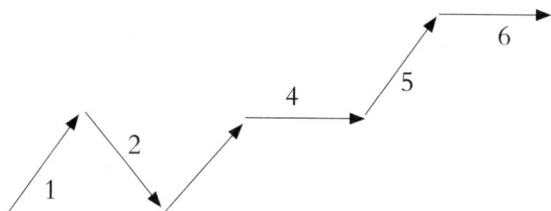

《静女》感情变化图

叶嘉莹先生说：

中国古人作诗常说"句中有眼"，眼睛是灵魂的窗户，有眼则可以传达出情思。也就是说你的形象安排的层次，你把形象组织起来的适当的动词、形容词、句法章法的结构，都可以产生一种效果，有一种直觉的感动。使人感动的是诗中的形象是怎样结合及表现出来的，而不是空泛的形象的堆砌。形象是重要的，叙写的口吻也是重要的。"赋"

没有形象，感发从何而来？就只能来自叙写的口吻以及句法章法。杜甫《醉时歌》："诸公衮衮登台省，广文先生官独冷。甲第纷纷厌梁肉，广文先生饭不足。先生有道出羲皇，先生有才过屈宋。德尊一代常坎坷，名垂万古知何用。"这首诗是赋体，它的感人的力量都在于叙写的口吻与篇章的结构之中。归纳起来说，诗歌生命的孕育是"物使之然也"，有了这生命的孕育之后，表达的方式可以用兴（由物及心），可以用比（由心及物），也可以用赋。赋这种写作方式，它的心与物的关系当是即物即心，即心即物，无须借草木鸟兽来比喻，而是直接叙述事物就代表了心中的感动，二者结合在一起时，没有由心过渡到物、由物过渡到心的桥梁，同样可以传达感发的力量。

在这里，我大段引用叶嘉莹先生的见解意在说明：在中国，古典诗歌中抒情诗占据绝对的主导地位，当我们沉醉于中国伟大的抒情传统中时，也不应该忘记或者忽视叙事性带来的深沉情感力量这一审美事实。那些伟大的叙事诗，无论诸如《木兰辞》《孔雀东南飞》等民歌还是《长恨歌》《琵琶行》《兵车行》等雅歌，也都给读者带来精神上的持久震撼，限于篇幅和考察的难度，虽然叙事诗很少被当作材料选入高考试卷中，但我想说的是，作为中国古典诗歌作法的三大源头——赋、比、兴——深刻影响着中国古典诗词的面貌和我们欣赏时的审美心理。当我们不断熟悉并体会中国古典诗歌的丰富而独特的表现形式时，才能真正提高我们的诗歌鉴赏能力。

知人论世

一

知人

韦勒克、沃伦在《文学理论》中说："一部文学作品最明显的起因，就是它的创造者，即作者。因此从作者的个性和生平方面解释作品，是一种最古老和最有基础的文学研究方法。"①我们经常提及"知人论世"，以证明诗人的经历和精神对读者理解诗歌作品带来的正向

① ［美］勒内·韦勒克，奥斯汀·沃伦. 文学理论［M］. 南京：江苏教育出版社，2005：75.

作用和价值。比如杜甫、李白、苏轼、辛弃疾这些性格和风格都很鲜明的诗人，他们对中国文学和文化都产生了深远影响，他们成长的"故事"被反复提及，相关传记被广泛阅读，他们的姓名、事迹被陈述，甚至他们身边的友人、朋友圈也成为我们热衷了解的对象，更重要的是，他们的诗歌被选作语文教材的经典文本并被反复阅诵考察，变成我们张口就来的"真理"，当我们阅读他们其他的诗歌时自然有一种天然的亲近感和熟悉感。

从"人有悲欢离合，月有阴晴圆缺"，到"一尊还酹江月"，再到"回首向来萧瑟处，也无风雨也无晴"，苏轼作为"永远的乐天派"（林语堂语）的形象慢慢被固化。苏轼54岁的时候，弟弟苏辙奉命远赴千里之外的辽国，他没有带着悲哀的心情，反而以乐观的口吻劝慰弟弟"云海相望寄此身，那因远适更沾巾"（苏轼《送子由使契丹》）。在浩如烟海的古典诗歌作品中，学生对汉魏时期的曹操、陶渊明、阮籍的熟悉程度远胜于陈琳、山涛，对唐宋的王勃、李白、杜甫、王维、白居易、李商隐的熟悉程度也远胜于韩翃、韩偓。山涛、韩偓这类诗人对于普通读者无异于"无名氏"，"作者"只是一个阅读的符号罢了。我想强调的是，对于一名普通读者，熟悉诗人，熟悉与诗人相关的故事，是理解诗歌、解读诗歌的一把钥匙。深入了解诗人经历、阅读相关传记和作品，有助于提高鉴赏诗歌的能力。

美国汉学家宇文所安在《中国早期古典诗歌的生成》一书中就"试图"证明作者对于作品鉴赏的意义：

> 曹植集中的一首诗不仅由于它的作者而获得价值，也由于它被置于曹植生平经历的语境里进行解读，这种"生平经历"包括确知的事实和想象的情形。如果我们去掉作者姓名，这首诗就没有那么有意思了。如我们前面所见，阮籍《咏怀》其一是对"夜不能寐"主题的一个简短而平常的处理，没有任何惊人之处，但是一旦与阮籍的名字和假定的历史背景联系起来，他就被赋予种种可能存在的作者意图，常常被诗歌选集收录。
>
> 关于作者和文本存在着一个依照年代先后顺序排列的叙事，动摇其中的一部分就会危及整体。中国的"作者"不会像福柯所说的那样"死掉"，这是因为"作者"在中国的诗学语境里变成了一个必要的系统性功能。如果没有作者充斥的文化叙事作为语境，很多诗歌文本就变得不可读。[1]

相比于被曹操立嗣的曹丕，我们对曹植更怀有"好感"，

---

[1] ［美］宇文所安．中国早期古典诗歌的生成［M］．北京：生活·读书·新知三联书店，2014：262-263.

因为他富有才情但结局悲惨，他的诗文浪漫且充满悲伤，读者有可能根本没有阅读过任何曹植的诗，但印象中朦朦胧胧似乎记得在某次课堂上被老师提及。即使这样，当我们阅读曹植的诗歌时，也会消除天然的陌生感，增加一点感性的经验认识。事实上，学生已经通过曹植的《七步诗》（六年级上册）和《梁甫行》（八年级上册）两首诗分别了解了同胞骨肉的哥哥曹丕迫害过他，也曾颠沛流离"如实记录了百姓流离失所的困境"。又因为学生背诵过《滕王阁序》中"阮籍猖狂，岂效穷途之哭"这样的名句，虽然阮籍在王勃眼中是一个不值得学习的人物，但是阮籍猖狂，因不得志而郁郁寡欢的形象确实是学生脑海中根深蒂固的事实，因此阅读阮籍《咏怀》（七十九）这首诗，学生还是容易理解他所表达的感情的：

林中有奇鸟，自言是凤凰。清朝饮醴泉，日夕栖山冈。
高鸣彻九州，延颈望八荒。适逢商风起，羽翼自摧藏。
一去昆仑西，何时复回翔。但恨处非位，怆恨使心伤。

作品和作者的这种紧密关联是建立在我们阅读的作品确实是某个诗人所写的事实基础之上的。美国汉学家宇文所安推断，司马迁大概算是中国的"作者"概念形成过程中的核心人物，对司马迁来说写作成了一生的事业，"亦欲以究天人之际，通古今之变，成一家之言"的理想是他的声名所系，也是他隐忍苟活的理由。从某种意义上说，"我们不妨把作者归属当作文本的一种属性（*property*）"，并且"作者是文本最稳定的属性"。[①] 因为，一个诗人的诗歌风格往往打下诗人经历和成长的深刻烙印，往往浸透着诗人的成长和精神史。

正是江南好风景，落花时节又逢君

我系统梳理了中国基础教育（小学至高中 12 年）人教版语文教材中有关杜甫的讲授篇目——共计 14 首诗歌。这还不包括杜甫作为一名优秀诗人其他脍炙人口的诗歌（比如《旅夜书怀》）或者诗句（比如"朱门酒肉臭，路有冻死骨"）。

《绝句》（二下）；《春夜喜雨》（六上）；《江畔独步寻花》《闻官军收河南河北》（六下）；《江南逢李龟年》（七上）；《望岳》（七下）；《春望》（八上）；《石壕吏》《茅屋为秋风所破歌》（八下）；《月夜忆舍弟》（九上）；《登高》（必修上）；《登岳阳楼》（必修下）；《蜀相》《客至》（选择性必修下）。

---

① ［美］宇文所安 . 中国早期古典诗歌的生成［M］. 北京：生活·读书·新知三联书店，2014：257-260.

一个学生如果能够完整接受 12 年中小学语文教育，只是通过这 14 首诗歌的学习，在知识经验系统中也能勾勒出杜甫基本完整的生活史和精神史。因为这 14 首诗歌几乎囊括了杜甫（公元 712 ～ 770 年）一生的重要时刻（公元 755 ～ 763 年为安史之乱）：

1. 漫游齐赵：《望岳》（24 岁）。

2. 困守长安（安史之乱）：《春望》；《石壕吏》（杜甫由左拾遗贬为华州司功参军，从洛阳经由新安、石壕、潼关至华州途中）；《月夜忆舍弟》（759 年弃官至秦州，即今天的甘肃天水）。

3. 寓居草堂（公元 760 年）：《蜀相》；《绝句》；《春夜喜雨》；《江畔独步寻花》；《客至》；《闻官军收河南河北》；《茅屋为秋风所破歌》（公元 763 年安史之乱结束）。

4. 漂泊西南（因严武去世等因素）：《登高》（夔州，此时 56 岁，贫病交加）；《登岳阳楼》（公元 768 年，杜甫沿江由江陵、公安一路漂泊到岳州，此诗写于离世前一年）；《江南逢李龟年》（公元 770 年，漂泊至长沙，病逝于湖南）。

从青年时期"会当凌绝顶"的豪情壮志，到"落花时节"的寂寥离世，世运的治乱，华年的盛衰，14 首诗歌，让我们充分感受到杜甫一生"穷年忧黎元""致君尧舜上"的抱负与伟大！也让我们深刻领略到杜甫"沉郁顿挫"鲜明的创作风格和驾驭多种诗歌体裁高超的艺术水平。

我们看杜甫的《赠别郑炼赴襄阳》一诗：

赠别郑炼赴襄阳

[唐] 杜 甫

戎马交驰际，柴门老病身。

把君诗过日，念此别惊神。

地阔峨眉晚，天高岘首春。

为于耆旧内，试觅姓庞人。

从首联"戎马交驰""柴门老病"，颈联"峨眉"等词很容易判断出此诗作于寓于成都之时。虽"柴门老病"，但仍能与老友郑炼相互唱和，聊以安慰。朋友郑炼赴襄阳上任，不免使"我"难过心伤，朋友远赴湖北，身在蜀地也只能遥望襄阳。由此推断颈联是想象之辞，并且"我"期待老友能在襄阳城内觅得德高望重之人。这首诗有两个鉴赏关节点：一是判断出这首诗写于成都；二是由此推断颔联、尾联为想象之辞。

将进酒，杯莫停

再来看李白。人教版语文教材中有关李白的讲授篇目共计 15 首诗歌。从体裁看，古体诗 4 首，近体诗 11 首；从题材看，送别留别 4 首，山河咏叹 5 首（我把《蜀道难》归于此类），思乡怀人 3 首，人生感慨 2 首，游仙记梦 1 首：

《静夜思》（一上）；《赠汪伦》（二上）；《望庐山瀑布》（二下）；《望天门山》（三上）；《黄鹤楼送孟浩然之广陵》（四上）；《独坐敬亭山》（四下）；《闻王昌龄左迁龙标遥有此寄》《峨眉山月歌》（七上）；《春夜洛城闻笛》（七下）；《渡荆门送别》（八上）；《送友人》（八下）；《行路难》（其一）（九上）；《梦游天姥吟留别》（必修上）；《将进酒》（选择性必修中）《蜀道难》（选择性必修下）。

这 15 首诗歌基本能概括李白诗歌"豪放飘逸"的创作风格。从体裁看，李白是古体诗入选最多的一位诗人，自由狂放、浪漫自信的态度决定了他不喜欢受近体诗那么多条条框框的约束。从题材看，送别留别、山河咏叹诗之多，说明其活动范围之大、朋友圈之广。从景物形象（意象）的选择看，"明月""瀑布""江流""碧水""飞流""碧空""天际""玉笛""春风""黄河"等都具有"大""亮""透"的特点，带给读者心胸宽广、境界壮阔的感觉。从抒情形象上看，李白豪放自信（"天生我材必有用""直挂云帆济沧海"），情感抒发直接有力。从手法运用上看，李白喜用夸张（"桃花潭水深千尺""飞流直下三千尺""黄河之水天上来""朝如青丝暮成雪""白发三千丈""燕山雪花大席""天台一万八千丈""尔来四万八千岁""蜀道之难，难于上青天""一夫当关，万夫莫开""金樽清酒斗十千""会须一饮三百杯"）、想象（"月下飞天镜，云生结海楼"），《蜀道难》《梦游天姥吟留别》更是想象力的极致发挥！

我们读李白的诗：

金陵望汉江

［唐］李　白

汉江回万里，派作九龙盘。

横溃豁中国，崔嵬飞迅湍。

六帝沦亡后，三吴不足观。

我君混区宇，垂拱众流安。

今日任公子，沧浪罢钓竿。

长江延绵曲折长达万里，分作九条支流就如同九条巨龙盘踞，想象大胆新奇。江水四溢，泛滥中国，波涛汹涌，迅疾奔流。"豁""飞"用语大胆、富有气势。"不足观""众流安""罢钓竿"措辞自信昂扬。诗歌气势贯通、感情深沉，能让我们充分领略李白的浪漫主义风格。

李白"豪放飘逸"的诗风，还可以帮助我们迁移到对其他诗人作品的鉴赏。比如另一个以豪放见称的辛弃疾。

鹧鸪天·送廓之秋试

［宋］辛弃疾

白苎新袍入嫩凉。春蚕食叶响回廊，禹门已准桃花浪，月殿先收桂子香。

鹏北海，凤朝阳。又携书剑路茫茫。明年此日青云去，却笑人间举子忙。

受到李白诗歌的启发，"豪放飘逸"的诗风可以从形象塑造（景物形象、抒情形象）、情感表达、手法运用等方面体现出来。细读此诗，"禹门""月殿"想象飘逸，"鹏""凤"意象豪迈；"北海""朝阳""路茫茫"意境开阔；携书佩剑，抒情形象儒雅刚健。我们借助对李白及其诗歌的认知和经验，打开了一扇诗歌风格相似的大门。

二

论世

陆机在《诗品》中说："气之动物，物之感人，故摇荡性情，形诸舞咏。"而所谓"物之感人"的"物"，不仅指"春风春鸟，秋月秋蝉，夏云暑雨，冬月祁寒"那种绚丽多姿的四季自然景色，而且指"楚臣去境，汉妾辞宫；或骨横朔野，魂逐飞蓬；或负戈外戍，杀气雄边"这种导致世人不幸的重大历史事件。在自然景物与社会生活二者之中，钟嵘特别强调社会生活对诗人的感召作用，如"嘉会寄诗以亲，离群托诗以怨"等等，认为社会生活中的种种不幸所造成的哀怨是诗文产生的基础，因此要求诗文创作着重反映人们社会生活的不幸，伸张正义之气，抒发怨悱之情，要求作者所抒之情，所伸之义，具有深刻的社会内容。可见论世对于理解诗歌意蕴有着积极意义。

丹纳在《艺术哲学》中认为"种族、环境、时代"是影响文学的三要素。韦勒克、沃伦在《文学理论》中说："文学是一种社会性的实践，它以语言这一社会创造物作为自己的媒介。诸如象征和格律等传统的文学手段，就其本质而言，都是社会性的。这些手段是只有在社会中才能产生的通例和准则。但进一步说，文学'再现''生活'，而'生活'在广义上则是一种社会现实，甚至自然世界和个人的内在世界或主观世界，也从来都是文学'模仿'的对象。"①回望中国古典诗歌历史：魏晋战乱频仍对"人生苦短"的启发，安史之乱对杜甫"诗史"的影响，北宋商品经济发展对伶工之词繁荣的促进，南宋、明末亡国带来士人集体的创痛……都足以说明时代变革可对诗人创作产生巨大影响。

时代与心境

北宋初年，赵匡胤亲征平复各方叛乱，名将曹瀚（公元 924 ~ 992 年）随从参与平叛战争，最终结束五代十国分裂的局面。北宋百废待兴，太宗皇帝杯酒释兵权，猜忌武将，重文抑武。曹翰在此背景下创作了《内宴奉诏作》：

内宴奉诏作

［宋］曹　瀚

三十年前学六韬，英名尝得预时髦。

曾因国难披金甲，不为家贫卖宝刀。

臂健尚嫌弓力软，眼明犹识阵云高。

庭前昨夜秋风起，羞睹盘花旧战袍。

① ［美］勒内·韦勒克，奥斯汀·沃伦.文学理论［M］.南京：江苏教育出版社，2005：100.

北宋初年，国家百废待兴，曹翰作为开国名将，曾经为国家披上铠甲征战沙场，不为家境困苦卖掉征伐的宝刀。诗人空怀武艺韬略却投闲置散，不得建功立业的苦闷心情，作为读者是很容易感受到的。"臂健尚嫌弓力软，眼明犹识阵云高"这种廉颇老矣，但老骥伏枥，志在千里，渴望为国建立新功的老将形象跃然纸上。辛弃疾也是文武双全之人，却生于南宋，他创作《破阵子·为陈同甫赋壮词以寄之》时，南宋国土沦丧，偏安一隅，让他倍感羞耻。国家消极应对导致复国功业遥遥无期，他感到苦闷和悲慨。这种因为时代、背景不同而导致的情感差异是显而易见的。

南宋时代，巨大的兴亡变迁改变了诗人们的心境，使其诗歌具备了时代特征，这个时代造就了一批伟大的诗人，出现了以陆游、文天祥为代表的爱国诗，其次是以范成大为代表的田园诗。特别是诗人陆游，他深受时代氛围的感染，"当年万里觅封侯，匹马戍梁州"，带着建功立业、保卫边疆的壮志启程，但山河废弛，身世浮沉，他也只能"关河梦断""尘

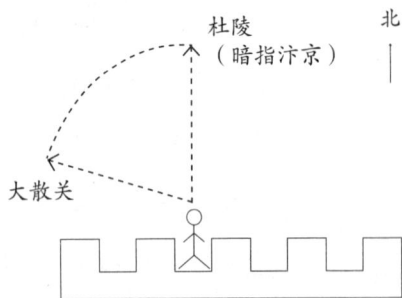

《秋晚登城北门》图解

暗旧貂裘"了。随着北方沦陷，他忧愤成疾，去世前不忘叮嘱后代"王师北定中原日，家祭无忘告乃翁"。因此，他的许多诗歌不免浸染故国沦陷的悲凉，这种亡国的深深悲哀也熔铸于一首又一首诗歌当中了：

秋晚登城北门

[宋] 陆　游

幅巾藜杖北城头，卷地西风满眼愁。

一点烽传散关信，两行雁带杜陵秋。

山河兴废供搔首，身世安危入倚楼。

横槊赋诗非复昔，梦魂犹绕古梁州。

北望的姿态：长淮诗境

随着北方游牧民族的入侵，作为一统的政治崩溃之时，史家一度公认的具有自然和文化意义的南北分界的淮河，成为南宋时期临时军事分界线，南宋边境也一度随战事被迫往南移，一部分诗人在边境线周围流连徘徊，咏叹失落的土地，成为日本学者内山精也书中探讨的"长淮诗境"。[①]又因淮河南北成为交锋的主战场，战火一度蔓延至长江，致使众多诗人选择在相对安全的长江南岸隔江感慨，建康、

①［日］内山精也.庙堂与江湖：宋代诗学的空间［M］.上海：复旦大学出版社，2017.

镇江等地成为他们情感爆发的主要驻足点，满目疮痍的中原大地成为诗人的乡愁。

宋高宗绍兴三十一年（公元1161年），金主完颜亮南侵，江淮军败。完颜亮不久在瓜州为其臣下所杀。宋孝宗淳熙三年（公元1176年），姜夔二十岁，因路过扬州，"四顾萧条，寒水自碧，暮色渐起，戍角悲吟"，目睹了战争洗劫扬州后的萧条景象，抚今追昔，"自胡马窥江去，废池乔木，犹厌言兵。渐黄昏，清角吹寒，都在空城"，悲叹今日的荒凉，追忆昔日的繁华，抒发黍离之悲以寄托对扬州昔日繁华的怀念和对今日山河破碎的哀思。

大约宋宁宗开禧元年（公元1205年），南宋另一个重要诗人辛弃疾，此时已经六十六岁了。韩侂胄执政，积极筹划北伐，闲置已久的辛弃疾于前一年被起用为浙东安抚使，这年春初，又受命担任镇江知府，戍守江防要地京口。从表面看来，朝廷对他似乎很重视，然而实际上只不过是利用他那主战派元老的招牌而已。辛弃疾到任后，一方面积极布置军事进攻的准备工作；但另一方面，他又清楚地意识到政治斗争的险恶，自身处境的孤危，深感很难有所作为。辛弃疾支持北伐抗金的决策，但是对独揽朝政的韩侂胄轻敌冒进的做法，又感到忧心忡忡，他认为应当做好充分准备，绝不能草率行事，否则难免重蹈覆辙，使北伐再次遭到失败。辛弃疾的意见没有引起南宋当权者的重视，他来到京口北固亭，登高隔江远望扬州，此时扬州已经距离诗人姜夔创作《扬州慢》之后30年了。

30年前，诗人姜夔还能在扬州自由旅行，抒发兴亡之感，30年后，辛弃疾只能隔江远望感慨"佛狸祠下，一片神鸦社鼓"，百姓安于异族统治的现状，让辛弃疾感到心痛。这是时间长廊里一次诗意的交错，也是一次痛苦情感的交接，是历史变迁和世事无常留给人内心最深刻的印记。

在阅读诗歌中，我们会经常发现"北望"变成客居南方的南宋诗人的标准姿态（gesture），目光所及，北方成为众多南宋诗人情感表达的归宿，他们带着亡国的屈辱，不停强化对故土强烈留恋和失而不得的苦闷，因此"姿态"成为引导阅读目光的遥遥指向，也成为诗人们情感的动作外化。孝宗乾道八年（公元1172年），王炎以枢密使出任四川宣抚使，谋划恢复中原之事，陆游任军幕。其间，他曾亲临今陕西宝鸡西南——当时宋金的西部边界——大散关前线，研究抗敌策略。但不久王炎调回京城。收复故土的愿望又一次落空。陆游在《书愤》一诗中写道"楼船夜雪瓜洲渡，铁马秋风大散关"。后来他在另一首诗中写道："一点烽传散关信，两行雁带杜陵秋。"一点烽火，报传着大散关口的敌情战况，两行雁阵，带来了长安杜陵（此处暗指故都汴京）的秋意浓厚，远望烽火，仰视雁阵，想到岁月空逝，兴复无期，不觉愁绪万千，涌上心头。

诗人戴复古在《盱眙北望》中用同样的北望"姿态"述说悠悠心事：

北望茫茫渺渺间，鸟飞不尽又飞还。

难禁满目中原泪，莫上都梁第一山。

想起失陷于异族的中原，泪水沾满了衣襟，还是不要登上那高高的都梁山向北眺望，以免自己更加伤心。

还有另外一首诗：

江阴浮远堂

［宋］戴复古

横冈下瞰大江流，浮远堂前万里愁。

最苦无山遮望眼，淮南极目尽神州。

嘉定（公元 1208 ~ 1224 年）年间，作者第二次长途旅行过江阴，由长江南岸的江阴极目淮南、北望中原，满眼是山河破碎，若有山川遮视线，尚能免见中原，可淮南尽是平原，大好河山满收眼底。王粲"家本秦川，贵公子孙"，但遭乱流寓荆州，登当阳城楼作《登楼赋》写道："平原远而极目兮，蔽荆山之高岑。"李白在《登金陵凤凰台》中云："总为浮云能蔽日，长安不见使人愁。"欧阳修在《踏莎行·候馆梅残》中说："平芜尽处是春山，行人更在春山外。"他们是苦于有山、有云遮挡望眼的诗人。可此时，戴复古面对受尽屈辱的茫茫中原大地，却望之则不忍，不望又不能了，深悔这次登上供北望的高堂多此一举！

三
不同观点

读者在阅读诗歌经常产生这样的质疑：每一首诗歌都需要做到知人论世？答案当然是否定的。我把"知人论世"当作阅读诗歌的一把钥匙，也仅仅是其中一把而已，并不是一把如西方俗语所说的"开门靠万能钥匙"（*Open door by the master key*）。诗歌创作本身就包容了极其复杂的心理活动，"这种心理当然受到历史环境、个人经历的种种影响，政治形势、学术思潮、地理民俗、民族心态、经济环境，换句话说整个文化都会在诗人心里留下痕迹，但是这一切都必须经由一连串的'移位'（*displacement*）才能深入创作，并受到诗人个人的禀赋、气质、性格这一磁场的扭曲，受到具体创作时极微妙的心境变形，往往迂回曲折，才在本文中留下极其含糊的'印迹'（trace）"。[①]我非常赞同葛兆光先生的观点，作为诠释手段之一的"知人论世"不必指望它独揽意义的解释权。又因为中国诗歌言志的传统决定了诗人创作诗歌是不可能完全和经历与现实发生彻底的决断，叶嘉莹先生在《从中西诗论的结合谈中国古典诗歌的评赏》中反驳了"作者原意谬论"的纯粹西方式的观点：

> 但是，也有些西方批评理论对中国古典诗歌是并不完全适用的，就像西方诗论中的"作者原意谬论"（intentional fallacy）的观点就是我们所不能接受的。这一观点认为，讲一篇作品，只能就作品的本身讲内容，而不要追寻这一作品的作者原意，追寻原意就是谬误。这种情形与我们不完全相同。我们讲过，西方的诗歌包括史诗和戏剧，所以他们提出"作者原意谬论"这一观点，因为西方作者所表现的，本来就不一定是作者自己的感受和情意，而且作者的感情和品格，与诗歌的好坏也并没有必然的关系，所以他们的主张就他们的诗歌传统而言，本是不错的。而我们读陶渊明、李白、杜甫、李商隐的诗，就绝无法把作者与作品分

---

① 葛兆光. 汉字的魔方：中国古典诗歌语言学札记［M］. 上海：复旦大学出版社，2020：32.

开。孟子说过："诵其诗，读其书，不知其人可乎？是以论其世也。"（《孟子·万章下》）因为这些中国诗人的诗歌不仅以抒情言志为主，而且他们的诗，也就是他们的思想感情、人格品质的流露。屈原的汨罗江自沉，他的"忠而被谤，信而见疑"的悲哀，杜甫的"致君尧舜上"的理想，他到老年即使落到"亲朋无一字，老病有孤舟"的情况，还写下了"戎马关山北，凭轩涕泗流"（《登岳阳楼》）的关心国家的诗句。中国诗人与外国诗人之所以不同，是中国诗人不但以他们的思想感情、品格意志、胸襟怀抱来写他们的诗篇，而且还以他们的生活和生命来完成和实践他们的诗篇。屈原、陶渊明、杜甫、李商隐诗歌的风格不同，就在于他们感情襟抱性情的不同。中国许多伟大诗人的作品之风格都与他们的品格一致。正因为如此，如果盲从西方"作者原意谬论"的观点，认为凡从历史背景、作家生平、思想感情品德来了解一首诗是错误的、不可行的，这样的批评论点则是我们所不能接受的。[①]

附录：

1.苏轼：《赠刘景文》（二上）；《饮湖上初晴雨后》（三上）；《题西林壁》（四上）；《浣溪沙·山下兰

---

① 叶嘉莹.古典诗词讲演集［M］.石家庄：河北教育出版社，1997：19-20.

芽短浸溪》（六下）；《记承天寺夜游（文）》（八上）；

《卜算子·黄州定慧院寓居作》《水调歌头·明月几时

有》（九上）；《江城子·密州出猎》《定风波·莫听

穿林打叶声》（九下）；《念奴娇·赤壁怀古》《赤壁

赋（文）》（必修上）；《江城子·乙卯正月二十日夜

记梦》（选择性必修上册）；《石钟山记（文）》（选

择性必修下册）。

2.陆游：《游山西村》（四上）；《十一月四日风

雨大作（其二）》（七上）；《游山西村》（七下）；《卜

算子·咏梅》（八下）；《书愤》（选择性必修中）；《临

安春雨初霁》（选择性必修下）。

3.白居易：《草》（二下）；《忆江南》（四下）；《钱

塘湖春行》（八上）；《卖炭翁》（八下）；《琵琶行并序》

（必修上）。

4.王维：《画》（一上）；《九月九日忆山东兄弟》（三

上）；《送元二使安西》（四上）；《鸟鸣涧》（六下）；

《竹里馆》（七下）；《使至塞上》（八上）。

5.李商隐：《嫦娥》（三下）；《无题（相见时难别

亦难）》《夜雨寄北》（七上）；《贾生》（七下）；《锦

瑟》（选择性必修中）。

6.辛弃疾：《清平乐·村居》（五上）；《西江月·夜

行黄沙道中》（六上）；《破阵子·为陈同甫赋壮词以寄

之》《太常引·建康中秋夜为吕叔潜赋》《南乡子·登京口北固亭有怀》（九下）；《念奴娇·京口北固亭怀古》（必修上）。

7.《诗经》：《采薇》（六上）；《关雎》《蒹葭》（八下）；《芣苢》（必修上）；《无衣》（选择性必修上）。

8.曹操：《观沧海》（七上）；《龟虽寿》（八上）；《短歌行》（必修）。

律诗的「起承转合」

元人杨载在《诗法家数》中第一个以"起承转合"①来谈律诗作法，确实能在某种程度上揭示律诗结构上的一般规律，这也为读者提供一把可以打开一首诗的钥匙。

日本学者松浦友久在《李白诗歌抒情艺术研究》一书中，对律诗和绝句特点进行比较时认为，律诗具有对偶性、整合性、完结性三个方面的特点：

---

① 张葆全，周满江.历代诗话选注［M］.西安：陕西人民出版社，1984：153.

在律诗结构中，对偶性及作为其形态化的对句是至关重要的；"作为'散句—对句—对句—散句'律诗基本八句，如以 A 表示第二字为平声句，以 B 表示第二字为仄声的话，那么就有平起式，构成（ABBA、ABBA）""所谓对偶关系，是在其原本就有的'语义明确化'第一功能之上，就两句整体关系而言，形成对句，也就具有相对独立完整意象，即自我完结性，进而，对偶关系也就以其本身独立意象构成整首律诗这是顺理成章的。另外，从另一角度说，一首律诗的整体结构，以两句为单位有'首联、颔联、颈联、尾联'等称呼，并有所谓'起、承、转、合'术语称呼律诗构造，这都是律诗自我完结特色的旁证"。①

以上是学者对律诗作为一种诗歌形式的基本界定，从普通读者角度讲，如果完全遵照语义、词性、声律的探讨，就很容易落入专业批评的"言荃"。中国古典诗歌浩如烟海，鉴赏者或者普通读者一时间无法穷尽诗歌所有在形式上的做法和规律，对于一名普通高中学生更无须掌握复杂的鉴赏理论。在教学过程中，我发现律诗的"起承转合"的确给阅读诗歌提供了一个便利的通道，特别是松浦友久提到的律诗具有"完结性"的特点，既规定了情感表达和想象力的边界，又能提供造意审美的丰富和无限。它不是一个

---

① ［日］松浦友久.李白诗歌抒情艺术研究［M］.上海：上海古籍出版社，1996：214.

密不透风的结构，而是一种开放结构，能让我们的审美自由呼吸。它如同一个向导，带领我们经过曲折有致的小路进入诗歌的幽秘之境。

一

起承转合："自我完结的旁证"

首先，我想以清代诗人江湜五言《山寺夜起》和唐代诗人杜甫七言《蜀相》两首诗作为示例来说明"起承转合"在阅读中的作用。我力求严格遵循律诗结构的路径分析，但是分析过程中掺杂了一些我的直觉和个人化的解读方式，因为"直觉"既是鉴赏工作的初步准备，也是鉴赏的有效手段。我们尽量避免解剖式的冷静的分析，大胆拉开心灵的幕布，去寻找本能的审美快感。

山寺夜起

［清］江　湜

月升岩石巅，下照一溪烟，
烟色如云白，流来野寺前。
开门惜夜景，矫首看霜天，
谁见无家客，山中独不眠。

夜深了，月亮在山中岩石后升起，皎洁的月光朗照寺院前一条烟雾升腾的小溪。这两句诗歌非常有画面感，如同在剧场中欣赏一出话剧，幕布霍然拉开，一派空明的月夜舞台场景（*background*）呈现在观者面前。我特别愿意用"打开"（*to open*）一词来诠释首联的作用。我们在"语言"这个向导的引导下，目光由上而下，慢慢定睛于那一条小溪上蒸腾起的雾气，雾气如洁白的云一般随着山势缓缓飘动。这一联描写，仿佛天成，如水到渠成（"发展"*to develop*）般自然，像摇臂的摄像机从远处缓缓推进。如果一直沉浸在这样的氛围中，观者难免感到乏味和厌倦。一位"演员"推开寺院的大门缓步向前，抬头凝望起冷霜漫天（"霜天"一词总能引发谙熟"月落乌啼霜满天""万类霜天竞自由"这样诗句的读者的连类联想）。诗人的出场打破了环境的宁静，造成一种观感的"转折"（*to chang*），仿佛两幅"并置"的动图。此时，观众已经迫不及待想了解（"结果"*to conclude*）这个从寺院大门走出的人：他是谁？夜深了，为何独自一人推门而出望向那满月空山？这真是卞之琳的那首《断章》诗中描绘的："你站在桥上看风景／看风景的人在楼上看你／明月装饰了你的窗子／你装饰了别人的梦。"

再来看《蜀相》：

蜀相

［唐］杜 甫

丞相祠堂何处寻，锦官城外柏森森。

映阶碧草自春色，隔叶黄鹂空好音。

三顾频烦天下计，两朝开济老臣心。

出师未捷身先死，长使英雄泪满襟。

　　帷幕打开（*to open*）：一位刚刚结束颠沛流离生活的老人——唐代最伟大的诗人杜甫——蹒跚在成都锦官城外，抬首远望："何处才能寻找到丞相诸葛亮的祠堂呀？"不远处的武侯祠已经是柏树成荫、葱郁苍劲。走进去（*to develop*），一片茵茵青草默然铺展到石阶之下；几只黄莺，在林叶之间穿行，自顾发出清脆婉转的鸟鸣。恍若穿回历史隧道（*to change*）：刘备三顾茅庐，诸葛亮隆中对策，制定统一国家之策，见其济世雄才；诸葛亮辅助刘备开创蜀汉，匡扶刘禅，为国呕心沥血，见其耿耿忠心。诸葛亮赍志以殁，用行动实践了"鞠躬尽瘁，死而后已"的誓言，想到这里，老人不禁潸然泪下（*to conclude*）。

　　上面两首诗的分析，只是为读者提供一个鉴赏的样本。我甚至武断地用四个英文单词来表示律诗的"起、承、转、合"，意在用现代人的语境和想象力进入律诗所营造的意境和氛围之中，用现代人容易理解的方式去解读这样一种有着特殊结构的诗歌类型，在干燥的形式上面让情感充实和润湿。郑敏曾说："诗的特殊内在结构正是为这种只有诗才能有的暗示和启发的效果而服务的。"[①] 虽然郑敏是就诗歌的内容和情感而论的，但我想对于形式上有着严格要求但却使诗歌增添了盘旋曲折、跌宕婉转特点的这一诗型同样适用吧。

我们还需要进一步对律诗的四联对句（八句）做一番更细致的研究。

二

首联：点题之意义

"首联"，承担着破题的任务。"或对景兴起，或比起，或引事起，或就题起，要突兀高远，如狂风卷朗，势欲滔天"（杨载《诗法家数》）。古人重视起句，写律诗起句应"工于发端"，避免平淡乏力，王士禛在《带经堂诗话》中声称南齐诗人玄晖《宣城集》"大江流日夜，客心悲未央"颇有"气魄"；王维"风劲角弓鸣，将军猎渭城"之类为"策警"

---

① 郑敏 . 诗歌与哲学是近邻——结构—解构诗论［M］. 北京：北京大学出版社，1999：4.

之句。作为诗歌创作或鉴赏的起首处，它往往也是诗人着意经营的地方，因此起句在律诗鉴赏中有非常重要的作用。

　　一方面我们需要关注首联在破题、点题方面的作用，它是题目的扩展和具体化，用形容词、副词、动词、语气词与名词连缀成句把一首诗歌的基本场景或抒情事件的发生环境呈现在读者面前，这是一首诗歌想象的起点和基础。另一方面我们还要留意首联在内容和手法中的运用，"比兴"一般用在诗歌的开端部分，律诗也不例外，就有了比起、兴起的情形；有时候作者也会迫不及待把抒情事件牵连出来，给读者一个听"故事"的由头，就是就题起和引事起。下面举几个例子：

　　比起：

　　　藜藿盘中忽眼明，骈头脱襁白玉婴。

　　　　　　　　　　　　——［宋］陆游《苦笋》

　　盘中苦笋，似白玉婴儿。由题比起，和盘托出，令人眼前一亮。

　　　洁白无瑕美不娇，炯如珠玉粲林皋。

　　　　　　　　　　　　——［宋］戴复古《咏梅投所知》

洁白无瑕、美而不娇，如珠玉一般在山林中光鲜灿烂。此咏梅之开端。

兴起：

旅舍残春宿雨晴，恍然心地忆咸京。

——［唐］韩偓《残春旅舍》

残春雨晴，旅居于舍，恍然之间，心忆故地。因景生情。"海上生明月，天涯共此时"（张九龄《望月怀远》）也属于此类。

晓路雨萧萧，江乡叶正飘。

——［宋］晁补之《吴松道中》

天刚破晓，船又启航。江南水乡秋雨霏霏，风声萧萧，满天木叶。感慨"客程遥"也在情理之中。

就题起：

闻说轮台路，连年见雪飞。

——［唐］岑参《发临洮将赴北庭留别》

临别之时，诗人向前来相送的友人讲述将要奔赴北庭路上的情景。

云海相望寄此身，那因远适更沾巾。

——［宋］苏轼《送子由使契丹》

此去契丹，路途遥远，云海相望；我寄居于此，送别之时，怎会因你远行悲伤流泪。

引事起：

江州司马平安否？惠远东林住得无？

——［唐］杨巨源《寄江州白司马》

两个问句，对江州司马的关切扑面而来，回应诗题"寄"的具体内容。因寄而生，引事而起。

紫案焚香暖吹轻，广庭清晓席群英。

——［宋］欧阳修《礼部贡院阅进士就试》

天朗气清，春风和畅，莘莘学子，济济一堂，香烟缭绕，"广庭"满座。对"进士"于"贡院"内考试的场景写得具体明白。

颔联："承"的语义和逻辑

"颔联"是"承"，清人沈德潜《说诗晬语》里说"三四贵匀称，承上斗峭而来，宜缓脉赴之"，侧重于诗歌的节奏说；杨载说"或写意，或写景，或书事、用事、引证。此联要骊龙之珠，抱而不脱"，无论写什么，都应该像骊龙颔下的宝珠，不易被人取走，这侧重于内容方面说。杨载虽然明确了"承"的创作之法，但对阅读经验的积累却无多余启发。"承"在现代汉语中有"继续，接续"的意思，放到诗歌当中，可以理解为语境、诗境、情绪、氛围等等的进一步延续和拓展；作为一个有连接意义的结构，它可以像"连词"一样构成多重语义上的关系。我总结有三种情形：

（一）对首联形象的具体化

首联往往比兴起、就题写，就需要描写一些具体的形象，特别第二句结尾处常常是一个名词，这个名词往往是首联的核心形象，所谓核心形象就是某种行为的落脚点，第二联需要对这个形象（落脚点）做进一步解释和扩展。

比如，"月升岩石巅，下照一溪烟。烟色如云白，流来野寺前。"这两联的承接，几乎严丝合缝，首联写朗月跃升山石，映照溪水上蒸腾的雾气，紧接着就描述雾气的特点——有如云一样洁白，有如水一样流动。

"橘柚怀贞质，受命此炎方。密林耀朱绿，晚岁有余芳。"橘柚心怀美好的品质，接受上天的命令来此炎热的南方，这里有密林和余芳。实际是承接"炎方"并对此进行展开描写。

"旅舍残春宿雨晴，恍然心地忆咸京。树头蜂抱花须落，池面鱼吹柳絮行。"颔联描写"残春宿雨"之后的场景，因这场景，让作者猛然想到昔日"咸京"。颔联用"蜜蜂""花须""游鱼""柳絮"对首联场景具体化，回应了首联中作者动机行为产生的原因。

类似的情况还有"柴门风卷却吹开，狭径初成竹旋栽"门前小路初开辟，郁郁青竹刚移栽，颔联因势写"梢影细从茶碗入，叶声轻逐篆烟来"，梢影入眼，竹声抚耳，好不清雅闲适。

欧阳修的《礼部贡院阅进士就试》："紫案焚香暖吹轻，广庭清晓席群英。无哗战士衔枚勇，下笔春蚕食叶声。"清晨，贡院前的小广场清雅肃穆，各地精英济济一堂，颔联写群英"就试"之样貌。这些精英如同"无哗战士"，将胸中之经纬倾泻于笔端。陈衍《宋诗精华录》评价"三、四写举子作文情状、生动"。

陆游的《苦笋》："藜藿盘中忽眼明，骈头脱襁白玉婴。

极知耿介种性别，苦节乃与生俱生。"苦笋白嫩如婴儿，他们知道自己天生耿介，种姓特别，节操清苦。

林逋的《湖上晚归》："卧枕船舷归思清，望中浑恐是蓬瀛。"视野所及如同蓬莱、瀛洲仙境，顺势描写这仙境之境"桥横水木已秋色，寺倚云峰正晚晴"。

（二）前后清晰的逻辑关系

通过考察十年高考出现过的诗歌，大约存在三种关系：顺承关系、因果关系和转折关系。在这里主要讨论后两种偏正关系——因果关系和转折关系：

1. 因果关系

（1）前因后果

因为"缺月昏昏漏未央，一灯明灭照秋床"，所以"病身最觉风露早，归梦不知山水长"。（王安石《葛溪驿》）

因为"闻说轮台路，连年见雪飞"，所以"春风曾不到，汉使亦应稀"。（岑参《发临洮将赴北庭留别》）

因为"一篇长恨有风情，十首秦吟近正声"，所以"每被老元偷格律，苦教短李伏歌行"。（白居易《编集拙诗成一十五卷，因题卷末，戏赠元九、李二十》）

因为"此身虽贱道长存，非谒朱门谒孔门"，所以"只望至公将卷读，不求朝士致书论"。（杜荀鹤《投长沙裴侍郎》）

因为"戎马交驰际，柴门老病身"，所以"把君诗过日"，但念及你远赴襄阳也让我倍感心惊神伤。（杜甫《赠别郑炼赴襄阳》）

"去岁荆南梅似雪，今年蓟北雪如梅"，昨南今北，"我"因此体悟到人事无常之理，且喜辞旧迎新，冬去春来。（张说《幽州新岁作》）

（2）前果后因

"斗垒孤危势不支，书生守志定难移"，是因为"自经沟渎非吾事，臣死封疆是此时"。（陈文龙《元兵俘至合沙，诗寄仲子》）

"江州司马平安否？惠远东林住得无？"是因为"溢浦曾闻似衣带，庐峰见说胜香炉"。（杨巨源《寄江州白司马》）

"云海相望寄此身，那因远适更沾巾"，因为此行目的"不辞驿骑凌风雪，要使天骄识凤麟"。（苏轼《送子由使契丹》）

"自古功名亦苦辛，行藏终欲付何人"，只因为"当时黮闇犹承误，末俗纷纭更乱真"。（王安石《读史》）

"三十年前学六韬，英名常得预时髦"，只因为"国难披金甲"更未曾"家贫卖宝刀"。（曹翰《内宴奉诏作》）

110

2. 转折关系

"虽失春城醉上期，下帷裁遍未裁诗"，但是可以"因吟郢岸百亩蕙，欲采商崖三秀芝"。（陆龟蒙《奉和袭美抱疾杜门见寄次韵》）

虽然"下驿穷交日，昌亭旅食年"，但是"相知何用早？怀抱即依然"。（王勃《白下驿饯唐少府》）

虽然"逐字笺来学转难，逢人个个说曾颜"，但"那知剥落皮毛处，不在流传口耳间"。（林希逸《答友人论学》）

（三）事件的顺承和延续、心理的拓宽和深化

"鸦翎羽箭山桑弓，仰天射落衔芦鸿"，接着"麻衣黑肥冲北风，带酒日晚歌田中"。（李贺《野歌》）

"满眼长江水，苍然何郡山？"原来这向来万里之意都凝聚在这尺寸之间了（"向来万里意，今在一窗间"）。（陈与义《题许道宁画》）

"侧径篮舁两眼明，出山犹带骨毛清"，对出山这一行为，白云笑我多管人世间的闲事，流水伴随我似乎饱含深情（"白云笑我还多事，流水随人合有情"）。（陈师道《和南丰先生出山之作》）

四

写在"惊险"的转折之前：水的多种朝向

把"起承转合"作为律诗的典型结构，这种说法实际上是宋人总结的，也有诗人并不把它当作自创和遵守的原则，特别在唐代。从诗歌史的角度来看，把"起承转合"当作律诗的普遍结构，显然是以偏概全的。"起承转合"是一种"自我完结"的循环结构，虽然使用率并非最高，但是对于一般读者来说，运用此种方法在阅读律诗的时候是够用的。专业鉴赏中国古典诗歌其实需要一个比较高的门槛，我们需要引导作为一般读者的学生在"天真"和"感伤"（帕慕克语）之间寻求基本的平衡，既不能过度依靠审美直觉也不能陷入语言与结构分析的套子，因此教师交到学生手中的应该是一个足用的工具以帮助他们更方便阅读和理解诗歌。

美籍学者蔡宗齐认为律诗的三种主要结构（线性结构、叠加结构、起承转合）中，线性结构在唐代律诗中使用最为频繁。初唐的五言律诗，诗人沿用齐梁咏物的格式，前三联全部用于写物，层层递进，一贯而下，直到尾联才以设问的形式稍微加以抒发情感。这种线性结构典型的诗如王绩五言律诗中的《野望》：

东皋薄暮望，徙倚欲何依。

树树皆秋色，山山唯落晖。

牧人驱犊返，猎马带禽归。

相顾无相识，长歌怀采薇。

这首诗首联破"野望"题意，二三联全部用来描写野望所见之景，未见明显的转折，且描写之时，大景"树树""秋色""山山""落晖"与小景"牧童驱犊""猎马带禽"错落而来，尾联一贯而下，以反问句抒情，由景而事，可以看出这首诗在颈联并没有明显的转折，这正是线性结构的典型特点。

到了盛唐甚至宋代，这种结构仍然不断出现，不少名篇也是以此结构写成，比如王维的《新晴野望》《江汉临眺》，张九龄的《望月怀远》，杜甫的《闻官军收河南河北》，苏轼的《雨晴后步至四望亭下鱼池上，遂自乾明寺前东冈上归二首》，我们可以分析这些诗来加深对线性结构的认识。

以王维的《新晴野望》为例：

新晴原野旷，极目无氛垢。

郭门临渡头，村树连溪口。

白水明田外，碧峰出山后。

农月无闲人，倾家事南亩。

首联写雨后初晴，极目远望，视野开阔空旷，天朗气清，紧扣诗题，后面三联一下而去，城门、码头、村庄、溪流、田埂、山峰、农人，由近及远，由景及事，由静而动，一气呵成。这样的线性结构不会给学生带来太多的阅读障碍，顺着作者的目光所及，尽情展开想象，即可轻松抵达作者所要传达出的境界和诗意。

杜甫的《闻官军收河南河北》：

剑外忽传收蓟北，初闻涕泪满衣裳。

却看妻子愁何在，漫卷诗书喜欲狂。

白日放歌须纵酒，青春作伴好还乡。

即从巴峡穿巫峡，便下襄阳向洛阳。

诗人听闻平复安史之乱、收复蓟北的消息后涕泪沾衣，妻子不再发愁了，自己也是狂喜，然后接下来计划着喝酒庆祝，计划着如何还乡："巴峡穿巫峡""襄阳向洛阳"。诗歌中的八句话按照时间顺序安排，弱化了颈联的"转"，加强了诗句往前推进的势头，诗读起来有流畅无阻、一气呵成的感觉。

王维的《汉江临眺》：

> 楚塞三湘接，荆门九派通。
> 江流天地外，山色有无中。
> 郡邑浮前浦，波澜动远空。
> 襄阳好风日，留醉与山翁。

这首诗有视角变化的两条线索。首联"楚塞""荆门"都是壮阔的景象，"接"和"通"让整个境界更加扩大雄浑，颔联"江流""山色"由面及线，由面及片，颈联"郡邑""波澜"由线到点，由片聚点。与此同时，诗歌还贯穿了另外一条线索，首联已经是辽阔之境，颔联描写更加虚幻扩大的"天地""有无"，又隐含了一个视角逐渐放大的过程，尾联将所有景象尽收襄阳醉翁的眼底。虽然此诗没有跌宕起伏的结构，但是通过大小变化两条线索上景物的对比，共同呈现出宏伟旖旎的宇宙气象，避免了平淡的描写。

宋代诗人苏轼的《雨晴后步至四望亭下鱼池上，遂自乾明寺前东冈上归二首（其一）》：

> 雨过浮萍合，蛙声满四邻。

115

海棠真一梦，梅子欲尝新。

拄杖闲挑菜，秋千不见人。

殷勤木芍药，独自殿余春。

　　这是北宋苏轼的一组五言律诗作品，写雨晴后散步所见之景。首联写雨晴，颔联写春光已失，经过大雨的摧残，海棠花已落尽，梅子即将成熟，春天却是一去不返了。第三联就势写春光殆尽后自己的孤独，尾联因看到牡丹花（木芍药）在春末的独自开放，深感牡丹情意恳切深厚以及伤百花的无情。"殿"是"在最后"的意思，牡丹已是最后的花，独自为残春盛开，慰藉着作者同时也充满了浓浓"迟暮"（纪昀语）之感。

　　蔡宗齐在《语法与诗境：汉诗艺术之破析》一书中也介绍了另一种结构——叠加结构。叠加结构的基本原则是序列上的断裂，律诗虽然强调四联之间的紧密无间，以确保各联紧密结合成一个天衣无缝的整体，但是这种突破既定格式的做法让诗歌在表现力上有了新的可能性，同时也给读者带来一种陌生化的奇异效果。李白的《送友人》、李商隐的《锦瑟》即是此种结构的代表。

　　我们可以通过这两首诗感受这两种结构的特点：

送友人

[唐] 李　白

青山横北郭，白水绕东城。

此地一为别，孤蓬万里征。

浮云游子意，落日故人情。

挥手自兹去，萧萧班马鸣。

　　这首诗景语与情语隔联转换，"此地一为别"与"挥手自兹去"隔联相继，"孤蓬万里征"与"萧萧班马鸣"隔联相应。诗中青山、白水、浮云、落日，相互映衬；挥手作别、班马长鸣，新鲜活泼，一幅有声有色的画面跃然脑海。自然美与人情美交织在一起，有声有色，气韵生动，流荡着无限温馨的情意。仿佛《诗经》"昔我往矣，杨柳依依。今我来思，雨雪霏霏"带来一种情意缱绻、缠绵悱恻之感。

锦瑟

[唐] 李商隐

锦瑟无端五十弦，一弦一柱思华年。

庄生晓梦迷蝴蝶，望帝春心托杜鹃。

沧海月明珠有泪，蓝田日暖玉生烟。

此情可待成追忆？只是当时已惘然。

　　首联两句谈锦瑟用弦的数量，颔联两句描写人与物在虚幻世界中神交，颈联两句讲珠、玉之凄美，尾联两句则是过去与现在情感的对比。这首诗无论主题、意象、词意、典故，还是结构上的断裂措置，都给读者提供了无尽的想象空间，也给读者创造出无限解读的空间，带来可解不可解和扑朔迷离的审美胜境。

　　如果把诗歌的诗句比作一条河流，无论飞流直下、一泻万里，还是蜿蜒逶迤、迂回曲折，水流的朝向会带给读者不同的审美感受。

　　上面举例的王维《汉江临眺》一诗在结构上没有特别的转折，但我们可以设想，如果没有隐藏的两条变化线索，这首诗很容易流于平淡无奇、拖沓重复。因此古代诗人在写作的时候为了克服这个缺点，常常会在颔联和颈联之间引入转折：或有时间、地点上的变化，或有观物视角、诗歌形象的变换，这些都是一种"隐性的转折"；当诗歌的颈联已经写出景语到情语或事语的变化，或者写出语义、境界的转折时就变成一种"显性的转折"了。

五

颈联：并置的图像和观念

古代很多学者探讨了颈联的诗歌作法，比如胡应麟在《诗薮》一书中提出："凡法妙在转。转入转深，转出转显，转搏转峻，转敷转平。知之者谓之至正，不知者谓之至奇，误用者则为怪而已矣。"[①]元人杨载认为第三联诗意应有所转折："颈联，写意，写景，书事、用事、引证，与前联之意相应相避，要变化如疾雷破山，观者惊愕。"（见《诗法家数》），"转"就要转出新意来，要在前一联的基础上另开辟一个新的境界，明人多申明此说。后来清人沈德潜亦说："五六必耸然挺拔，别开一境，上既和平，至此必须振起也。"（见《说诗晬语》）杜甫律诗在"转"的应用上比较典型，我们以杜甫《天末怀李白》为例：

凉风起天末，君子意如何？

鸿雁几时到？江湖秋水多。

文章憎命达，魑魅喜人过。

应共冤魂语，投诗赠汨罗。

这首诗首联重在描写景物，想象天气转凉的情况，

---

① 张葆全，周满江. 历代诗话选注［M］. 西安：陕西人民出版社，1984：258.

虚写鸿雁、秋水。颈联兀然转向对诗人李白命运的慨叹，这种起伏顿挫的结构成了诗人杜甫的"标签性"结构（*signature style*）。

按照律诗的要求，中间两联需要以对偶的形式出现。对偶的自身特点让律诗的结构变得平衡，这种平衡是因为把两个图像并置在天平两侧实现的。仔细分析可以发现这两个图像可以是静态的，也可以是运动的；是具体的，也可以是虚拟的。从内容上看它可以突出两个地点比如"地阔峨眉晚，天高岘首春"，也可以突出两个动态形象，"鸟避征帆却，鱼惊荡桨跳"；可以是两个典型场景，像"浦楼低晚照，乡路隔风烟"，两个意境"众木俱含晚，孤云遂不还"，也可以是一个人（抒情形象）的两种行为"开门惜夜景，矫首看霜天"。由于要承担由景入情的要求，很多时候颈联还会表达诗人的两种认识、态度或观念，比如"须信累囚堪衅鼓，未闻烈士树降旗""世间富贵应无分，身后文章合有名"……因为词性上遵循对称原则可以让我们在展开想象和体味情感时感受到相同的"重量"。"转"往往被理解成转折之意，我认为"转换"之意更贴切，比如作者由景或者物的描写转向写情感的抒发。我们在鉴赏律诗的时候不要老是想着转折的事情，更应该关注颈联带来的场景、情绪、氛围的某种变化或者错位。这有时特别像拍电影时突然拉进的特写镜头，或者突然跟进的内心独白，它带来的是节奏的变化、语调的调整、氛围的营造。清代仇兆鳌评点杜甫《望岳》一诗的时候说"诗用四层之意。首联远望之色，次联近望之势，三联细望之景，末联极望之情"，有力说明了结构在"转场"中带来的变化。

张说《幽州新岁作》的颈联"边镇戍歌连夜动，京城燎火彻明开"，这一联里"边镇"和"京城"两个地点并置，构成空间意义的对等关系，但两地承担的情感"配重"并不相同。新年之时，边塞士兵的歌声不断，京城彻夜火炬通明，"燎火"有"火炬"之意，"前村后村燎火明，东家西家爆竹声"（陆游《壬子除夕》），长安城内家家户户沉浸在节日的喜悦之中。边塞是诗人此在之地，京城是诗人曾在之地，因为作者身处艰苦险恶的边境之地，眼前的热闹场景很难唤醒诗人身处节日的欢愉之情，在这并置的场景中，诗人体会到寂寞和感伤，自然要遥望节日中热闹的长安，喜悦中寄寓着悲凉和思念。这两个场景虽然在时空中平行并置，却因为作者视角的局限，现实和想象让这一并置形象有了偏移，情感像水银般一股脑倾泻进天平的另一端："遥遥西向长安日，愿上南山寿一杯。"

两个地点并置的情况同样在杜甫的《赠别郑炼赴襄阳》里也有所体现：

　　地阔峨眉晚，天高岘首春。

　　诗人杜甫好友郑炼将赴湖北襄阳赴任，此地"汉晋以来，代为重镇"，寄居成都草堂的杜甫贫病交加，好友远赴他乡万分不舍，峨眉山是四川名山，岘山是襄阳古城门户，两山并置，峨眉地阔，岘首天高，思绪从四川绵延湖北，和老友分别之时天色已晚，郑炼抵鄂就任之时应已春暖花开了吧……在这襄阳名城里一定还有很多像庞德公这样德高劭重的人，禁不住叮嘱朋友来到新的地方要广结贤士。

　　另一个唐代大诗人岑参在《发临洮将赴北庭留别》中写道：

　　　白草通疏勒，青山过武威。

　　诗人即将从古甘肃临洮启程前往现在新疆吉木萨尔以北的北庭都护府，朋友关心他的前途艰险，岑参留赠诗歌宽慰朋友，解释此行的重要意义。因此此诗从"闻说"起，贯穿诗中所叙述的，也是临洮至北庭沿途景物。从"连年见雪飞"至"青山过武威"，但诗人并没有直接说环境多么寒冷和恶劣，而是通过描写春风不来、人少、植被稀疏来衬托北庭连年见雪飞的苦寒的恶劣环境。"连年见雪飞"写气候之寒冷，"春风曾不到"写其荒凉，"汉使亦应稀"写其地距中原之遥远。"疏勒""武威"，是作者远赴边疆的经行之地，也是最有代表性的两个地方，前者白草延绵，突出其寒冷萧瑟；后者山峦险峭，突出其曲折坎坷，尽管这都是"闻说"之词。

从上面几首诗我们可以看出地点名词的并置情况普遍存在，初唐诗人王勃在送别诗《白下驿饯唐少府》中写道："浦楼低晚照，乡路隔风烟。""浦楼"是江边高楼，"乡路"是归乡之路。这两个名词是送别诗中的典型场景。江边高楼掩映于恹恹夕阳之中，归乡之路绵延远方，被傍晚的雾霭阻隔遮蔽。如果说前两联"下驿穷交日，昌亭旅食年。相知何用早，怀抱即依然"，诗人表达贫贱之交、君子之交的可惜、可贵之处。颈联则转向景物描写，让离别的情绪一下子浸染到夕阳低照之中了，绵延的乡路则成为游子目光眷恋的方向。

我们在阅读中不难发现：颈联因为是对偶句，常出现一对名词意象并置的情况，有时候会出现两对。如果是一对名词意象，我们可以以这两个名词意象为中心展开想象。在两对名词并置的诗联里，其中一个句子里的两个名词意象往往不是并列关系，比如"白草通疏勒，青山过武威"

这一联里有"白草－青山""疏勒－武威"两对景物的并置，但是由于两个动词各自链接了白草和疏勒、青山和武威，使得两对并列名词产生了偏正的关系：无边白草延伸至疏勒，青山绵延经过武威，虽然白草和青山的颜色和形象如此生动鲜明，但是"疏勒""武威"两个地方因为是诗人旅程中的重要经过地而成为承载白草和青山的核心意象。我们在阅读时，就可以从这些并置的核心名词意象入手，展开分析、联想和想象。我们可以通过对下面这首诗的分析来丰富这一重要的阅读经验。

春题湖上

[唐] 白居易

湖上春来似画图，乱峰围绕水平铺。

松排山面千重翠，月点波心一颗珠。

碧毯线头抽早稻，青罗裙带展新蒲。

未能抛得杭州去，一半勾留是此湖。

此诗结构上的起承转合清晰可辨。首联点题，点"春"提"湖"总体勾画出西湖春景，画图难足；放眼远望，群峰绕湖水，水面如镜铺。颔联承接首联第二句，诗人将笔墨聚于"峰""水"：群峰上之上松树如千层绿翠，水面之中映月如一颗珍珠。前两联读来十分通畅。

颈联是这首诗理解起来有难度的地方，语法倒置、手法运用、语言陌生等多种因素很容易让学生用模糊的读法理解这一联的诗句，从而有可能给学生留下一个似是而非、模棱两可的印象，致使读不准或者读不透。颈联上一句"碧毯""线头""早稻"都是名词，只有一个能表现状态的动词"抽"，这几个物象比较突兀，和西湖美景似无关系，乍看几个物象彼此间也似无联系。对句"青罗裙带展新蒲"可能给一般读者带来两个阅读障碍：一是断句问题，"青罗"还是"青罗裙"，是"展"还是"带展"；二是形象问题，"新蒲"是一个名词，但有可能受制于认知，导致不如"早稻"这一形象确定可感。这种情况下，学生在阅读的时候很容易有"不合理的想象"的情况出现，就需要读者进行必要的调整和反思。前面我们提到颈联有这样一个特点，就是常会出现形象并置的情况出现，并置形象可以给我们阅读提供一个突破口。根据"碧毯／线头／抽／早稻"这一句诗歌断句，按照颈联对仗要求，对句断句应为"青罗／裙带／展／新蒲"，即名词／名词／动词／名词（2/2/1/2）。因"早稻"和"新蒲"对仗可知新蒲为草名，"碧毯""线头"，"青罗""裙带"有明显的从属关系可知非景中自然之物，因此很容易确定颈联两个并置的核心形象为"早稻"和"新蒲"。确定好两个核心形象，早稻和其他词语之间的关系就迎刃而解了，我们只需要稍做一下语序调整可得："早稻如碧毯线头抽，新蒲如青罗裙带展"，或者"早稻抽如碧毯线头，新蒲展如青罗裙带"了。作者用碧毯细短的线头比喻幼小的绿色秧苗，用青罗裙飘拂的长带比喻舒展着的绿色的蒲叶，无不妥帖入微，真切动人。加之前一联用翡翠比喻松树的绿色，用明珠比喻夜半时分高而远的明月，诗人对湖上春光的珍惜与爱悦的感情，在这几个比喻中自然地隐隐泄出。全诗由于有了中间这四句精当传神的比喻，一二句中的"似画图"才有了充实的具体内容，末两句的"勾留"之意才得以顺势推出：我不能抛下杭州到别处去，一半原因是流连这西湖啊。如果有人这样解释"青罗裙带展新蒲"一句："此句实写在稻田里劳作的少女裙带飘曳，以少女劳动之美映衬了春日的西湖之美。"我们就很容易明白这样解释的舛误之处了。

可以再举一例：

红梅

[宋]苏 轼

怕愁贪睡独开迟，自恐冰容不入时。

故作小红桃杏色，尚余孤瘦雪霜姿。

126

寒心未肯随春态，酒晕无端上玉肌。

诗老不知梅格在，更看绿叶与青枝。

　　诗中颈联"寒心未肯随春态"不好解，可以从颈联第二句入手。"酒晕"为酒后红颜，"无端"可做无缘无故解，旧知有"锦瑟无端五十弦"。"玉肌"为玉一样的肌肤，"洁白如玉"可知玉肌之白。酡颜之红色染上玉肌之白，联想可知是红梅花瓣的真实描摹，"酒晕"与"寒心"对，酒晕之红可推测寒心之白，这里的白有"纯洁、清高"之意，"春态"与"玉肌"对，由"玉肌"之白可推测春态即春姿之姹紫嫣红、春姿之婀娜。这样"寒心未肯随春态"就把红梅深层之精神特质呈现出来了。

六
形式的价值

　　对于诗歌创作而言，诗人的道德涵养、人格精神、思想情感必须转化为具体的语言形象，律诗中"合"意味着一首诗歌的结束，情感的迸发和落幕，在结构形式上趋于完整。一般情况下，"合"要求就题做结，"或缴前联之意，或用事，必放一句作散场，如剡溪之棹，自去自回，言有尽而意无穷"。意思是，尾联要紧扣前一联的意思，

127

要兴尽而止，结得干脆利索，匆然抑或自然，含蓄隽永，耐人寻味。律诗中，因为颔联为首联之承接、扩展和延伸，颔联往往通过特写镜头突出两个并置的意象成为由景入情的关节，最后通过此关节引导出要抒发的感情。从这个意义上讲，尾联和首联遥相呼应，形成了整首诗的闭合结构。因此，我们可以采取首尾两联相接这种极俭省的读法。当然这种读法只适合于限时应试，只作为一种应急法，作为一种审美鉴赏的手段，不宜提倡，示例如下：

答友人论学

〔宋〕林希逸

逐字笺来学转难，逢人个个说曾颜。（首联）

卖花担上看桃李，此语吾今忆鹤山。（尾联）

湖上晚归

〔宋〕林　逋

卧枕船舷归思清，望中浑恐是蓬瀛。（首联）

依稀渐近诛茅地，鸡犬林萝隐隐声。（尾联）

白下驿饯唐少府

［唐］王　勃

下驿穷交日，昌亭旅食年。（首联）

去去如何道？长安在日边。（尾联）

城中闲游

［唐］刘禹锡

借问池台主，多居要路津。（首联）

斜阳众客散，空锁一园春。（尾联）

书　喜

［宋］陆　游

雨足郊原正得晴，地绵万里尽春耕。（首联）

天公不负书生眼，留向人间看太平。（尾联）

和南丰先生出山之作

［宋］陈师道

侧径篮舁两眼明，出山犹带骨毛清。（首联）

未能与世全无意，起为苍生试一鸣。（尾联）

寄江州白司马

［宋］杨巨源

江州司马平安否？惠远东林住得无？（首联）

莫谩拘牵雨花社，青云依旧是前途。（尾联）

示儿子

［宋］陆　游

禄食无功我自知，汝曹何以报明时？（首联）

最亲切处今相付，热读周公七月诗。（尾联）

野 望

［唐］杜　甫

西山白雪三城戍，南浦清江万里桥。（首联）

跨马出郊时极目，不堪人事日萧条。（尾联）

"道向虚中得，文从实处工"，从某种意义上讲，诗歌形式是打开一首诗的一把密钥。中国古代学者历来喜欢印象式的批评，会津津乐道于诗的兴象、趣味、意境、性情，会热衷于诗歌的美刺、教化、讽喻、抒愤，缺少对形式的批评和研究。在这篇文章中我们只把结构当成鉴赏的一种手段，作为一种艺术形式，但在应用、发展和革新过程中，因它不断融入诗人的艺术追求和审美情思，成为纯熟的艺术经验，成为我们诗歌文化的美典。宋代诗学中最具有价值的就是关于"诗体""句法""造语""下字""用典"等问题的论述。周裕锴在《结构的张力》一文中说："宋诗话中出现了种种与唐诗工稳和谐的艺术结构相左的创作法则，在章法、句式和对偶上有意追求一种对立、冲突和紧张。这些创作法则不仅能在诗艺层面获得新鲜生动的效果，而且隐藏着对价值范畴的诗道的承诺。"[1]

对于诗歌形式的美典，蔡宗齐在总结五言律诗句法、结构、诗境时给予了高度评价："在中国诗歌艺术发展史上，唐五律的显赫成就在于，不仅实现了齐梁五言所追求的'圆美流转'的理想，而且还超越视听之域，创造出'境生象外'这种前所未有的诗境。"[2]

谢玄晖与沈休文论诗，主张"好诗圆美流转如弹丸"，[3]这是对六朝五言诗艺术创新的一个精妙独到的概括。六朝诗歌创造了对偶句法，"圆美"恰是对这种句法特点的形象概括，结构上的自我完结和辞藻的对比带来一种形式美感，都是这种句法形式上的审美价值。语义、语流逻辑上的正和反，都体现出"流转"之美。所以"就律诗形式而

① 周裕锴.宋代诗学通论［M］.上海：上海古籍出版社，2019：399.
② ［美］蔡宗齐.语法与诗境［M］.北京：中华书局，2021：342.
③ 郭绍虞.清诗话续编［M］.上海：上海古籍出版社，1983：161.

言，它无论在声律、结构、肌理方面的组织都体现了这种'圆美流转'的理想"，"在盛唐五律名作中，四联的'起承转合'无疑也是一种'圆美流转'的循环结构"。①

除此之外，"圆美流转"的形式美典也让律诗中情和景的互动融合达到了前所未有的高度，情景交融的审美效果成为我们鉴赏诗歌的必经之路，王夫之《姜斋诗话》赞美杜甫律诗中的情景交融时说："情、景名为二，而实不可离。"律诗在情语与景语的转换中实现着"圆美流转"的完美之意。融情入景、借景抒情、寓情于景、情景交融把难以描摹之景展现于眼前，呈现出一个言有尽意无穷的世界。难状之景是视听味触之"景"，更是"象外之境"，是具体物象在读者心中唤起的一种虚幻的心境，它融合了诗人观物（宇宙）的感悟，也掺杂了读者的经验和想象，是一种融合了审美对象、审美主体和读者经验的崇高审美境界，这个审美绝境有赖我们不懈感悟和探求！

① ［美］蔡宗齐.语法与诗境［M］.北京：中华书局，2021：343-344.

第二部分

诗歌教与学

简化的『诗』界

讲授古典诗歌的时候，我经常会被学生问到"是什么，讲什么，学什么，考什么"诸如此类的问题，诗歌常被学生当作神秘和难解的存在，我想谈谈我的理解。

作为一种文学体裁，诗歌的最基本特点是它的抒情性，以生活为题材，情感真挚，富有想象力，往往通过隐喻彰显它独特的价值，因此哈罗德·布鲁姆在《读诗的艺术》开篇说："诗本质上是比喻性的语言，集中凝练故其形式兼具表现力和启示性。"① 呈现在我们面前的可以被我们感知的语言组合，是诗的外在形式；与诗的外在形式相融合的，使诗情、诗意、诗味得以感性显现的表情形态是诗的内在形式。诗歌语言具有"背离"日常语言的特点，它精致、优美、典雅的特点有利于情感的表现，而且有利于对情感的提炼。语言（语音）的节奏和韵律对情感表达具有十分重要的意义，它通过声调、节奏形成的韵律，给读者创造一个联想和想象的空间，所以出声诵读是品赏诗歌便捷的通道；诗歌结构具有明显的跳跃性；诗歌经常通过意象来表达情感，从某种意义上说意象是诗明显的表情符号。

诗是诗人情感表达的载体，从这个角度上讲诗被创作出来就是向世人昭示某种感情和意义，但这种感情和意义需要借助一定的媒介来表现，这个媒介就是"形象"，诗人通过塑造一定的形象来传达某种感情。诗人眼中所观、耳中所听、手中所触、鼻中所嗅成为"形象"的基本来源，"藜藿盘中忽眼明，骈头脱襁白玉婴。极知耿介种性别，苦节乃与生俱生"（陆游《苦笋》），可谓"视觉""触觉""味觉"集一身。事物、景物、人物、事件都可成为表达感情的"形象"基本构成，以"事物"形象来表情达意的诗歌往往被我们

---

① ［美］哈罗德·布鲁姆，王敖译.读诗的艺术［M］.南京：南京大学出版社，2010：1.

称为咏物诗（《石灰吟》）；诗人通过描写或者加工眼中的"景物"形象，可以创造一个富有意境的世界（《天净沙·秋思》）；一个大写的"人"，在表达感情的时候就更加直接、强烈（《将进酒》）；对一个"事件"的重新提及往往是表达某种观点的开始（《石壕吏》）。从理论上讲，任取一个形象都可以用来表达感情，但是作为诗人，需要用语言对形象和感情进行"精雕细琢"，在"形象"和"感情"之间架起一座沟通的桥梁，这座桥梁就是艺术手法。诗人可以用一定的"修辞手法"对单体形象或者细微结构进行刻画，比如"指如削葱根"（比喻）"飞流直下三千尺"（夸张）"红杏枝头春意闹"（拟人）"金戈铁马"（借代）；可以用一定的"表现手法"对多个形象进行组配，比如"明月松间照，清泉石上流"（动静）"旧时王谢堂前燕，飞入寻常百姓家"（对比）"何当共剪西窗烛，却话巴山夜雨时"（虚实）"泉声咽危石，日色冷青松"（视听）；如果通过塑造一个抒情人物形象表达感情，像"天生我材必有用"就是在直抒胸臆，如果借助物（粉身碎骨浑不怕，要留清白在人间）、景（海日生残夜，江春入旧年）、事（暮投石壕村，有吏夜捉人）来表达感情或者观点就是间接抒情了。直抒胸臆、间接抒情都是抒发感情的方式而已，我们叫作"抒情方式"。诗人还需要对语言进一步打磨，尽量用独属于自己的"诗歌语言"（或清新明丽，或佶屈聱牙）来塑造形象、表达感情；经过一段时间的创作，诗歌在整体上呈现出有代表性的面貌，这就是"诗歌风格"，比如李白诗"豪放飘逸"、杜甫诗"沉郁顿挫"。"诗歌语言"和"诗歌风格"是诗人艺术手法的具有标志意义的外在表现，也成为助力诗人作品"腾飞"的两个有力翅膀。另外，诗意和灵感往往在特定的情境和事件中出现，人类因不同环境和活动触发的感情也不大相同，由送别、羁旅、登高、观花、闺怨、酬唱、边塞、题画……丰富的生活经历给诗人带来灵感的同时也塑造出一个旖旎绚烂的诗歌世界。

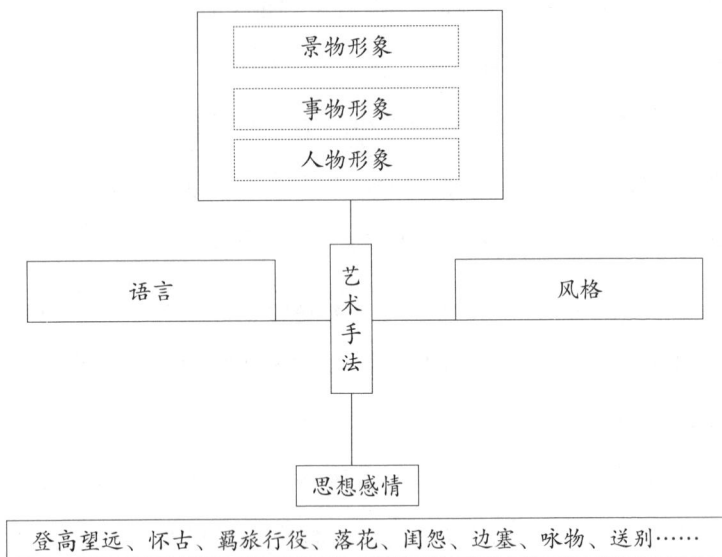

```
┌─────────────────────────┐
│   ┌─────────────────┐   │
│   │    景物形象      │   │
│   └─────────────────┘   │
│   ┌─────────────────┐   │
│   │    事物形象      │   │
│   └─────────────────┘   │
│   ┌─────────────────┐   │
│   │    人物形象      │   │
│   └─────────────────┘   │
└────────────┬────────────┘
             │
┌─────────┐ ┌─┴─┐ ┌─────────┐
│  语言   ├─┤艺 ├─┤  风格   │
└─────────┘ │术 │ └─────────┘
            │手 │
            │法 │
            └─┬─┘
              │
         ┌────┴────┐
         │ 思想感情 │
         └─────────┘
```

┌──┐
│ 登高望远、怀古、羁旅行役、落花、闺怨、边塞、咏物、送别…… │
└──┘

叙事的备忘

——《孔雀东南飞》的一种读法

诗歌阅读和教学需要一个切入点，教师的首要任务是把学生引入一个合适的诗歌情境，展开联想，进行必要的艺术赏析。诗歌分叙事、抒情、哲理几类，《孔雀东南飞》作为我国古代最长的一首叙事诗，叙事自然是本诗重要的特点，也是这首诗歌教学最基本的切入点。既然是一首叙事诗，这首诗是如何叙事的？叙事的特点是什么？叙事和情感表达的关系是什么……都理应成为阅读叙事诗需要解决的重要问题。因此，我从"叙事的起点、叙事的剪裁、叙事的节奏"三个方面作为《孔雀东南飞》这首诗歌的教学切入点，以此探索此诗的另一种读法。

一

叙事的起点

叙事类作品起点不同，终点各异，主题有别。是场景渲染、对话推动，还是画外提示、议论起笔，叙事从何处开始，从何处下笔，都决定着情节逻辑走向、人物刻画甚至主题呈现。一部好的叙事作品总是驱动着我们思考："是谁或者是什么，对事件的发生负责？这又如何结构和定型整个叙事？"①我在教学中把"十三能织素"到"会不相从许"当作一个单元块儿，作为"叙事起点"的教学样本。六个自然语段包含三个主人公的六个对话段，我分别用六组标题概括："兰芝怨府吏""府吏启阿母""阿母谓府吏""府吏长跪告""阿母槌床怒""入户哽咽语"。六个对话段因不同的起点可以组合成三种不同的叙事模式：

模式一

兰芝怨府吏 ➡ 府吏启阿母 ➡ 阿母谓府吏 ➡ 府吏长跪告 ➡ 阿母槌床怒 ➡ 入户哽咽语

① ［美］宇文所安.他山的石头记·叙事的内驱力［M］.南京：南京大学出版社，2006：54.

模式二

府吏启阿母 ➡ 阿母谓府吏 ➡ 府吏长跪告 ➡ 阿母槌床怒 ➡ 入户哽咽语 ➡ 兰芝怨府吏

模式三

阿母谓府吏 ➡ 府吏启阿母 ➡ 阿母槌床怒 ➡ 府吏长跪告 ➡ 入户哽咽语 ➡ 兰芝怨府吏

第二种和第三种叙事模式，人物矛盾的集中点都是在府吏与阿母之间。前一种模式里府吏是一个极袒护妻子，从自身角度观察得出阿母对妻子不好的结论进而对阿母进行质问并讨要说法的形象；后一种模式里阿母是一个对妻子极严苛的恶婆婆形象，两个人日常聚集的矛盾让阿母忍无可忍，借由府吏完成休妻的任务。这两种开端都指向明显，但很难为后面的情节发展提供持续的动力，进而揭示人物命运的变化过程，最终难以达成诗歌原有的结局旨趣。

传统教学中我们经常引导学生从"十三能织素……及时相遣归"一段中总结出刘兰芝多才多艺、聪明能干、勤劳有教养、不卑不亢等等这些概念化的形象概括，其实这些形象概括都忽略和脱离开刘兰芝"自述"这一具体语境，既空洞乏味，又流于肤浅，学生在概念上流连忘返，很难抵达文本的"真实"意图。正如宇文所安所说："虽然我们总是可以说这个人物的行为是他的性格的结果，但是这些行为不再是那么直接的性格反映了。"①因此既然是刘兰芝自己说的话，显然在内容上具有说话人的主观性，自话自说无法作为人物形象的"客观"评价标准。既然"行为是人物个性的结果"，从这个思路出发，我在教学中对人物形象（刘兰芝）分析果断按暂停键，把精力放到刘兰芝说了什么，为什么刘兰芝会这么说，这么说带来的情节（结果）方面的"化学反应"是什么……

　　作为乐府诗的代表作，这首诗不是一个在艺术形式上"粗制滥造"，流于民间口口相传的爱情传说，而是一个经由文人精妙艺术剪裁和艺术加工形成的文学经典。由此可以说这首诗的伟大之处恰在于诗歌精妙的开头，一个叙事的起点！情节的首要任务是要在事件的发展中表现出人物行为的矛盾冲突。一次在丈夫面前极正常的撒娇、埋怨似的倾诉苦衷，一段日常的牢骚之语，把包含有委屈不满也是无力求助情绪的夫妻之间的私密谈话，从一个由心生不满但矛盾尚未激化的婆媳之间的矛盾，却因性格单纯低情商的小公务员府吏与阿母仓促鲁莽的对峙，将这个矛盾转移成母子之间、婆媳之间的复杂的伦理矛盾，由此把每一个普通家庭都会遇到的小矛盾引向一个社会、伦理困境

---

① ［美］宇文所安．他山的石头记·叙事的内驱力［M］．南京：南京大学出版社，2006：58.

下的大悲剧。

　　这种东家长西家短式的家庭琐碎情境的再现，恰是中国叙事文学的独特之处。高尔泰在《美是自由的象征》分析了西方文学和中国文学处理对象的区别："古希腊思想家主要是从自然哲学的角度来看待美的问题的，他们的着眼点是对象的实体、性质、结构比例等等，他们认为美是一种自然的和谐；古代中国思想家主要是从政治哲学、伦理哲学的角度来看待美的问题的，他们更多地着眼于对象事物的关系、价值与意义。他们也认为美在和谐，但他们所说的和谐主要是伦理的和谐而不是自然的和谐。是人与人、人与社会关系的和谐（所谓"里仁为美""乐通理论""声音之道与政通"等）而不是物与物比例结构的和谐。"①也就是说中国文学善于处理人与人、人与社会的伦理关系，即伦理和谐的问题。这种基于"伦理关系"表述的善于将人间悲剧杂糅于日常生活的琐碎之中的文学不正是中国特色或者中国化的文学吗？明白了这一点，学生也就自然明白了为什么西方文学多英雄史诗，如《荷马史诗》《堂吉诃德》……中国叙事文学中多《红楼梦》式的"昵昵儿女语"了！

---

① 高尔泰. 美是自由的象征［M］. 北京：人民文学出版社，1986：39.

二

叙事的剪裁

新妇谓府吏："感君区区怀！君既若见录，不久望君来。君当作磐石，妾当作蒲苇，蒲苇纫如丝，磐石无转移。我有亲父兄，性行暴如雷，恐不任我意，逆以煎我怀。"举手长劳劳，二情同依依。

这是全诗承上启下的一段，刘兰芝对焦仲卿的临别赠言，有三层意思：一是你一定要回来，二是我们发誓不变心，三是我心中有强烈的预感，未来不容乐观。刘兰芝既然发了誓，又有要求焦仲卿回来迎娶我回归的强烈诉求，可是内心却被不祥的预感所煎熬。从正常的情节推进上，焦仲卿应该给予刘兰芝坚强的回应以打消其顾虑。但是刘兰芝说完话后，镜头直接转向两人依依惜别的情景。显然，这里是有意识的情节上的"脱漏"，但正是这种有意为之的"脱漏"显示出诗歌高超的叙事剪裁艺术。其实无论焦仲卿给予刘兰芝多么强烈的安慰与回应都无法从根本上改变爱情的悲剧走向，刘兰芝强烈的预感恰恰是两人爱情悲剧的内驱力。事实情节的走向证明了刘兰芝预感的正确性，所以在这里就没有必要再加入府吏的对话回应。这就是叙事的剪裁：简洁不拖沓。这样的叙事技巧是学生在作文中值得学习和借鉴的！这样的具有承上启下重要意义的典型剪裁是需要教师在课堂上做重点分析和引导的。

当然这样的剪裁艺术在诗歌中还有多处，比如面对媒人到刘兰芝家提亲，阿母和阿兄的不同反应，前者在叙事处理上平缓而有耐心，后者就显得短促而严厉，这种详略对比不仅反映出人物性格差异，描写篇幅的减少也并不影响阿兄的话对事件进程的强大推力，而且阿兄发完牢骚之后，刘兰芝并未辩解，因为从新妇谓府吏一段中已经能寻找到最终答案。

三

叙事的节奏

"一个故事就是一次行动，在相关的时间长度上展开；是一种魔法，左右时间的流逝——要么把时间收缩，要么把时间稀释"，意大利作家卡尔维诺在《新千年文学备忘录》中简明扼要点醒了叙事的重要特点——叙事的节奏。叙事就是讲故事，故事的快慢开合不仅决定了故事讲述的效果，因为一个张弛有度的叙事节奏可以避免拖沓累赘或者平淡寡味；同时也会影响读者对人物关系、人物心理，作品主题等的把握。《孔雀东南飞》就是这样一首有着高超叙事节奏的诗歌。

正如卡尔维诺所说，故事往往跟时间长度有关，《孔雀东南飞》一诗用特定的诗歌表现手法将节奏控制得游刃有余。笔者在教学中发现赋、比、兴的使用，尤其是"赋"（赋的作用和分析在实际教学中往往容易被忽视）在叙述节奏上起到重要作用。

诗歌教学不能生硬地分析赋、比、兴手法。何时用"赋"，为何用"比"，如何用"兴"都要结合具体语境分析，教师要善于引导学生在具体情境中把握手法运用的精妙，如果只是流于机械分析，就很容易将学生的学习思维和学习能力引上绝境。这首诗里集中用"赋"铺陈至少四五处，这些手法的运用让诗歌叙事有了起伏和节奏，起到了情节前进节拍器的作用。

诗歌开头刘兰芝自述"十三能织素，十四学裁衣。十五弹箜篌，十六诵诗书。十七为君妇，心中常苦悲"。这种"赋"加"互文式"的使用将说话时间拉长，让我们能够感受到刘兰芝强调自身重要性和多才多艺的同时将生活中的委屈不满以及无力求助的情绪抒发得淋漓尽致。

刘兰芝本意是向焦仲卿求助，却因一句"及时相遣归"的埋怨之语换来"遣去慎莫留"的残酷结果。府吏信誓旦旦说"不久当归还，还必相迎取"。刘兰芝回应"妾有绣腰襦，葳蕤自生光；红罗复斗帐，四角垂香囊；箱帘六七十，绿碧青丝绳，物物各自异，种种在其中。人贱物亦鄙，不足迎后人"。读者通过这几句赋的描写完全可以感受到女主人公"何言复来还"的悲怨之气以及告诫府吏莫要再娶的不卑不亢。这每一句话都是对时间的稀释，每一句话对男主人公来说都是真真的煎熬，因此读者读起来是缓的、慢的，这才是具有高度个性化的人物语言！

"鸡鸣外欲曙，新妇起严妆……纤纤作细步，精妙世无双"的缓慢、克制、煎熬到"交语速装束，络绎如浮云……从人四五百，郁郁登郡门"的快速、轻飘、谐趣，叙述节奏的转变增加了诗歌的变化，也增加了读者对刘兰芝形象和感情的立体化感受。

诗歌中还有精彩的一段叙述：

【1】阿母白媒人："贫贱有此女，始适还家门。不堪吏人妇，岂合令郎君？幸可广问讯，不得便相许。"【2】媒人去数日，寻遣丞请还。【3】说有兰家女，承籍有宦官。【4】云有第五郎，娇逸未有婚。遣丞为媒人，主簿通语言。【5】直说太守家，有此令郎君，既欲结大义，故遣来贵门。

"媒人去数日……承籍有宦官"课下注释为"这里可能有文字脱漏或错误，因此这四句没法解释清楚。"（《语文》第五册，山东人民出版社出版）这段无法解释清楚的文字，恰恰给我们提供了想象和思考的空间。从叙事的节奏上看【1】部分属于匀速直线运动的正常叙事节奏，刘兰芝母亲委婉拒绝提亲的媒人。转化成电影语言【2】【3】【4】【5】则可视作蒙太奇式的快速闪回：【镜头一】媒人离开，郡丞还请，【镜头二】兰芝阿母托词回绝，【镜头三】换主簿来传话继续游说，【镜头四】主簿进一步游说。这样的变化既可以看出刘兰芝不乏追求者的这一事实，也能读出阿母作为母亲对于刘兰芝选择的理解和竭力维护，叙事节奏一下子变得轻巧快速，既激发了读者的想象空间，节奏中的变化又变相拉长了"县令遣媒人"求亲的"时间长度"，这样就与阿兄的决绝"急促"形成了鲜明对比。学生就很容易理解阿兄在家庭中的伦理地位以及阿兄是造成焦、刘爱情悲剧的重要因素了。

教学需要突破"常规"，给学生来点儿新鲜的刺激和阅读思维的锻炼，我认为这堂课我做到了。

想象的拼图
——辛弃疾《永遇乐·京口北固亭怀古》的一种读法

一

"典故"的美学价值

用典是中国古典诗歌中常见的创作手法，它用丰富多样的故事，丰盈文学作品的意蕴。中国有悠久的用典历史，"诗以用事为博，始于颜光禄（延之），而极于杜子美"，[1]可见古典诗歌之用典大有来头。唐代以后，用典成为一种习惯，李商

---

[1] 张葆全，周满江. 历代诗话选注 [M]. 西安：陕西人民出版社，1984：60.

隐"獭祭鱼"，西昆体"谜子"……有人说李商隐"好积故实"，如《喜雪诗》，一篇之中用了 18 个典故。对于典故的使用，批评者褒贬不一，适当用典可以增强诗歌表现力，在有限的词语中展现更为丰富的内涵，增加诗歌的韵味和情趣，使之委婉含蓄，避免平直。当然，典故的"过量"使用也不免给读者带来"罗列""堆砌"之感，隐喻和象征的大量使用会导致诗歌晦涩难懂，产生"隔"膜，造成阅读的严重陌生化。但是，典故的故事性，给人带来了联想与想象的可能，极大地展示了历史生活的时间与空间，给读者带来更多的艺术享受。

辛弃疾的《永遇乐·京口北固亭怀古》就以用典量大进入读者视野，即所谓难懂。但细心的读者会发现，辛弃疾并不像古代有些诗人，通过用典来展示自己驾驭文史素材的能力。虽然这首词涉及大量历史史实，但作者在故事与现实、历史与感情之间为读者架构起一座隐秘却坚固的桥梁。我们需要引导学生在迷雾中找到这座知意与审美的桥，组装想象的拼图，进行一场诗歌的冒险（旅行）。

二

做合格的读者

在实际教学中，作为读者，教师和学生往往会缺乏对

"丰富多彩"的故事具备一个认知能力系统。读者一会儿穿梭于复杂的历史情境中，一会儿还要考量作者所处时代背景，一会儿又要回到诗歌所表达的理路和情感之中，往往出现顾此失彼的情况。须知，典故作为一种艺术符号，它的通畅与晦涩、平易与艰深，仅仅取决于作者与读者的文化对应关系。葛兆光曾探讨过典故在创作者和阅读者之间的作用；英国著名的文学批评家 I·A·瑞恰慈也曾强调诗歌的技术定义是——合格的读者在细读诗句时所感受的经验。

所谓"合格的读者"，正是指那些与作者的时代、民族、文化素养及兴趣相契合的欣赏者，即使这些欣赏者在这几方面与作者相差很远，但至少他们也必须熟悉诗歌中这些典故的来源、"动机史"以及它所拥有的表层含义、深层含义与象征含义。西方学者把这种知识结构称为"认知能力系统"（competence system），如果不具备这种能力，就会忽视典故所包容的隐含意味而导致对诗意理解的浅薄。①

倪健在《困难之源：阅读和理解杜甫》一文转引艾美·多尔对读写能力的基本能力的理解，即"读写文本的能力，对文本符号系统进行编码和解码的能力，阐释文本

---

① 葛兆光.汉字的魔方［M］.上海：复旦大学出版社，2016：122.

表征中的意义的能力"，[①] 我们可以用杜牧的《赤壁》一诗来理解葛兆光的"认知能力系统"和倪健的"读写文本的能力"这两个概念：

赤壁

［唐］杜　牧

折戟沉沙铁未销，自将磨洗认前朝。

东风不与周郎便，铜雀春深锁二乔。

在熟悉"周郎""铜雀""二乔"的人看来，这首诗十分明白，但对于一个现代读者，除了理解每个词的"字典意义"之外，还必须了解以下内容：

1. "赤壁之战"的历史内容；诸葛亮借东风这一有趣的故事。

2. 周瑜在吴国的功勋地位，以及他的娇妻小乔的传说。

3. 周瑜和孙权的君臣和连襟关系。

4. 曹操是一代枭雄及对"赤壁之战"结局另一种假设可能带来的后果。

可以说，有些诗歌的语言可能是困难的、有挑战性的，整首诗充斥着需要被解读的密码（code），也亟待读者去

① 田晓菲.九家读杜诗［M］.北京：生活·读书·新知三联书店，2022：195.

破解这"诗歌困难"（*poetic difficulty*），只有具备一定的知识结构和基本读写能力，才能顺利进入诗歌的秘境；相反没有这种能力就很容易出现阅读障碍或对诗歌理解失之浅薄。

三

京口北固亭望想

帮助学生做一名合格的读者，既要避免黄庭坚那种"无一字无来处"的"摭实之病"，又要避免教学中只诉诸口头/听觉方面的学童式、印象化的"诵读之法"。《唐诗三论：诗歌的结构主义批评》一书中说"一个典故有两个极点：一个与现实问题相关，一个与历史事件相连"①，读者阅读诗歌时总是试图熟悉历史事件穿越"典故"抵达曾经的"现实问题"，去理解作者用意，即沿着"读者—（历史事件）—典故—（现实问题）—作者"的路径去解读诗歌。如果我们希望学生能通过充分并且合理的想象去构建诗歌情境，用更符合读者认知规律的方式读诗的话。那么最好的方式是尝试引导读者直接走到作者身旁，然后于"此地"关照眼前的景和事，回忆与勾连古老的历史事件，怀想那

---

① ［美］高友工，梅祖麟.唐诗三论：诗歌的结构主义批评［M］. 北京：商务印书馆，2013：186.

些人和事，从而进入诗歌的情与境，最终带回有意义的信息和感情。这种"带入式""浸润式"的引导，能在很大程度上避免用"这个典故是为了表达……"这样的刻板、套路的句式去简单解读诗歌。

首先，我们对《京口北固亭怀古》下一番历史地理（*Historical geography*）的考据功夫：

1. 京口，位于江苏镇江。

2. 镇江，地处中国华东地区、江苏西南部，西衔南京，南靠常州，北邻扬州。（可以把南京为地理经验的参考点）

3. 北固亭又称北固楼，坐落于镇江京口北固山上。

4. 扬州，在长江以北，隔江与镇江相望。

5. 狼居胥，今蒙古国境内肯特山，南依乌兰巴托，北靠俄罗斯贝加尔湖，即古代中国的"北海"。

然后，带领学生找到思维贯通（*thinking through*）的路径：

1. 镇江—孙权—刘裕—刘义隆—霍去病—韩侂胄

我在镇江任职，想到此地的名人；然后联想到类似的人；接着联想到与之相反的人，最后想到曾向往成为的那个人；现实中，也有和他一样的人存在。

2. 扬州—我—拓跋焘—我—廉颇

看到一个城市，我曾经与这个城市关系密切，但是现在被另一个人侵占；我想要夺回来，不被允许；现实中，我还不如和我有类似经历的人。

最后，和学生一起还原并"带入"曾经的场景（scene）：

1205年（宋宁宗开禧元年），我（我们）来到孙权建都的镇江任职，登临镇江最高点北固亭，环顾

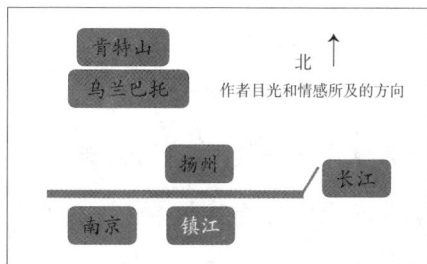

四周，不禁浮想联翩。孙权在此曾凭借长江天险指挥调动水军，抵御北方曹军，建立功业，让人何等钦美！江风拂面，曾经的亭台楼阁、一代伟业风韵已经随风而散，江山还在，英雄已逝，不禁让人感慨。夕阳西下，山下树林中掩映着街道小巷。我刚到此地，人们就告诉我率军北伐气吞胡虏的刘裕曾居住于此，刘裕可是大英雄呀！他手持长枪，跨上战马，两次领兵北伐，气吞万里，收复了洛阳、长安的失地。

抬起头，隔江相望，长江滚滚；北望中原，郁郁莽莽。洛阳、长安……刘裕的儿子刘义隆呢，他也希望像父亲一样有北伐壮举。北方啊北方，多灾多难，我们的祖先开疆拓土，霍去病远征匈奴，一举歼灭强敌七万人，在靠近贝

加尔湖的肯特山登山祭天，纪念功勋。刘义隆当年不也总是想着再次杀回到肯特山吗？可是好大喜功、轻敌冒进害了他，导致节节败退，只能在失败中回头北望呀！

北方啊北方，隔江望去扬州城清晰可见，43年前我曾在此抗金杀敌！远处神鸦叫声应和着喧闹的社鼓。循声而望，那不是佛狸祠吗！这个以拓跋焘小名命名的行宫，老百姓竟当作一般祠庙祭祀，忘记了身上亡国奴的"红字"，真是我南宋的奇耻大辱呀。我虽已65岁，内心尤壮，但已无人赏识。哪怕廉颇老矣，却仍能被赵王问询，我多么希望重新被起用！

在带入式的想象和亲身体验中，我们卸掉了典故带来的重量和压力，从某种意义上说，典故在诗中已经不再是一种修辞方式，而是一座能沟通古代和现实、作者与读者的赫然的桥梁。此时它毫无痕迹地退隐了，消弭于情感表达的巨大瀑布声浪之中。正如华兹华斯所说的"诗歌是强烈感情的自然流露，在自恬静中回响的事情"（*I have said that poetry is spontaneous overflow of powerful feelings ; it takes its origin from emotion recollected in tranquility.*）。①

---

① 王佐良. 英国诗歌选集［M］. 上海：上海译文出版社，2013：337.

辛弃疾这首诗用典的确多，但种种典故，多而不乱，典故之间衔接得天衣无缝，恰到好处，这比直接叙述和描写，高明很多，也震撼许多。这首被辛弃疾"味改其语，日数十易，累月犹未竟"的用典佳作，体现了这位语言大师的鬼斧神工，传递出语言的能量，是他在语言艺术上的一次卓越而伟大的开拓！更重要的是，这首词谈古喻今，内容丰厚，慷慨悲壮，苍凉沉郁。"稼轩不平之鸣，随处辄发……"登亭览景，古今兴亡之事之情，汇聚成密集的"北伐"的故事群，写悲情写豪气而以深婉之笔出，抒发了对民族苦难忧患的深刻认识，充满强烈的批判性和战斗精神。

我们将永远仰望这位傲然独立在历史风口浪尖上的英雄。

闲散与机枢
——《琵琶行》教与学

读诗的最佳方法就是把它当作诗来读。细节处塑造形象，行动处产生情感。引导学生从细节处构建诗歌形象，从行动中体味情感表达。"千呼万唤始出来，犹抱琵琶半遮面"一句，学生会不假思索说是为了突出琵琶女的美丽。要引导学生思考为何"千呼万唤"后才出来，为什么要"半遮"面，让学生充分体会琵琶女衰老落魄后仍饱含的人格与尊严；"却坐促弦弦转急"里倡女对诗人遭遇的同情，和知遇之恩的感激，化为满腔命运的激愤。

"随意处"体味关节，"闲散处"感受机枢。悲剧情感，是文学中最高的境界，这种悲剧没有古希腊悲剧那种个人意志和命运摆布的强烈冲突造成的戏剧化效果，因为在中国式的悲剧里，命运始终不是有意志人格的神。"今年欢笑复明年，秋月春风等闲度"，一年又一年的欢笑作乐，多少良辰美景就这样随随便便地消磨掉了，人无法预测和察觉命运，在不经意间，在悲剧即将到来时仍沉浸在巨大的快乐之中，这是为人的渺小，是命运的嘲弄，但又不得不接受这命运的重压，这是何等随意且伟大的诗句！陈世骧在《中国诗之分析与鉴赏示例》一文里说："我们中国文学里不出现命运之神，但常拿时间不可抗的流动，和空间无穷的运化来暗示命运的力量。"①命运的洪流不断推动她，在实践的无止境的流动中，一切都在可怜地改变着。人的快乐越多、越具体、越鲜明，在这种时间静默的流动中就越是带给我们更多的唏嘘。命运如此神秘又如此庄严，那些不曾轻松得到的快乐和"梦啼妆泪红阑干"的无助与无奈形成如此鲜明的矛盾和反差！最终促使白居易发出"同是天涯沦落人，相逢何必曾相识"的共情和共鸣。

---

① 陈世骧. 陈世骧文存［M］. 沈阳：辽宁教育出版社，1998：84.

诗人的决定性时刻

——《春江花月夜》教与读

当代诗人孙文波在《人类为什么要写诗》一文中写道："人类与诗歌的关系，就是人类生活中存在的自我表达形式，是一种内在的精神需求。"诗歌的主要功能是抒情，需要叙述，但也需要思想。中国古代初民写人世间风景，追述祖先故事，表达平实安详的感情。后来诗人忧愁幽思，于芳物中现其美志；仰望星汉灿烂，遂慨叹命如薤露、天道无常；面对寥廓朗畅、一望无际的宇宙亦生发"死生虚诞"的觉悟。

160

我相信，伟大的诗歌都有这样一个决定性时刻，这个特殊时刻让诗人强烈的情感自然流露出来。这样一个决定性时刻，是特朗斯特罗姆等待雪花在天空中绽放，罗伯特·弗罗斯特伫立在树林里岔路前沉思，西川仰望河汉无声、鸟翼稀薄的瞬间……波兰诗人切斯瓦夫·米沃什在《礼物》一诗中写道：

> 多么快乐的一天。
> 雾早就散了，我在花园里干活。
> 蜂鸟停在忍冬花的上面。
> 尘世中没有什么我想占有。
> 我知道没有人值得我去妒忌。
> 无论我遭受了怎样的不幸，
> 我都已忘记。
> 想到我曾是同样的人并不使我窘迫。
> 我的身体里没有疼痛。
> 直起腰，我看见蓝色的海和白帆。

蓝色的大海和白色的帆船于起身时映入眼帘，这成为诗人恩怨得失断然舍弃、如烟往事彻底超脱的时刻，这一幕促使他开始赞颂自我觉醒的内心、体悟出的生活智慧，这是法国摄影家布列松的"决定性瞬间"。这个时刻让诗人在平凡的瞬间里创造出一个无比凝练，且极具感兴的境界。这个时刻为诗人提供了集中而凝练的认识、情感和审美内容，这一时刻让现实充满了诗人的个性。因此，这一时刻是"决定性"的。

"春江潮水连海平，海上明月共潮生"的时刻就是诗人张若虚的决定性时刻，这既是经验性描写，又是超越经验的，如果没有亲眼见过初升的月亮，也会被诗人笔下这超验性的描写所震撼。月亮不是跃出海面，而是由大海孕育出来的，她是初生的婴儿，是燃烧的火焰，是喷薄而出的生命，洋溢着"海日生残夜，江春入旧年"的乐观和昂扬，这一刻让诗人惊讶、错愕。这一刻开启了诗人独享的抒情冲动，这是诗的时刻：月光朗照下的春江婉转，花草丰茂，冰晶霜流，汀洲沙白，那一轮孤月似乎要照彻整个黑暗、沉眠的宇宙。诗写到这里足可以成为一个审美自绝的系统了。

但诗还可以思，因为"人生在世，不仅有抒情冲动、叙事冲动，还会有思辨冲动、形而上学冲动"。1920 年，20 世纪法国最著名作家之一普鲁斯特给保尔·莫朗的小说写序时说：每次于连以及法布里斯一时忘记他们的虚荣心而想过一种没有利益冲突和以感官享受为宗旨的生活时，他们总会站在某个高处。（不管那是于连或法布里斯的监狱，还是布拉奈斯神父的天文台）。于连是法国作家司汤达小说《红与黑》中的主人公，他在囚禁他的哥特式塔楼上，羞愧和痛苦第一次袭来，他开始叩问自己的内心了。小说《巴马修道院》的主人公法布里斯跟着布拉奈斯神父在钟楼上读天上的星星。这一时刻，他们两个人摆脱了利益冲突和感官享受的俗念，开始窥测灵魂仰望星空了。

澄明寥朗的宇宙，这样一个诗的时刻，诗人没有在抒情上自绝自足。月光笼罩下的纯净世界引导着张若虚不断追问："江畔何人初见月？江月何年初照人？"诗人像一个初生的婴儿对世界充满了疑问和惶惑，对时间充满了不解，对宇宙的起源进行不懈的追问，人生是否也具有这样的美呢？这样的追问是诗人面对宇宙自然的浪漫心语，闻一多先生称这是"更迥绝的宇宙意识"。这样，诗人从抒情的冲动，转向了思辨的冲动，从诗的时刻转向哲学的时刻。用江弱水的话这是"于连的塔楼时刻，法布里斯的钟楼时刻，更是里尔克的缪佐城堡时刻、瓦雷里的海滨墓园时刻，当然也是陈子昂的登幽州台时刻、杜甫的登高和登楼时刻，这是抒情的时刻，更是冥想的时刻。"

把这首诗放到中国诗歌长河中整体考量，这首诗歌如同一个美少年，带着些许懵懂和困惑开始探寻自己和宇宙的关系，虽然人类一思考，上帝就发笑，但这种探寻，促使他意识到自我的存在，让"人"的力量开始苏醒。更宝贵的是，诗人在严肃的哲学难题前没有沮丧、没有失落，明月孤悬，但人生代代，永远有人仰望明月并和她永恒相伴。诗人凝视着江水滚滚东流，只有这轮"孤月"永悬天上，难道她是在等待意中人？"孤月"尚且"待人"，何况游子、思妇？今夜谁家游子漂泊江上弄扁舟？今夜何处女子明月楼上长相思？于是诗人驰骋想象，将我们引入一个情思更为浓郁的诗境，感受游子、思妇的两地相望、相思之情。由江天而游子，而思妇，由宇宙之大而人间相思，这种人类普遍的感情是超越时间和空间的。它让作者有了叙事的冲动，这一时刻是将永恒的感情和哲思普世化的时刻，这一时刻将一首"决定性的"诗上升为了一首"普遍的"诗，让这首诗成为"诗中的诗，顶峰上的顶峰"。

2023 年 11 月 14 日于西校

神圣的呼喊

——《离骚》的读与教

中国有伟大的风骚传统，在一个以诗言志为主体、以儒家思想为主导的文化氛围下，简短美好，志向高雅的诗歌往往受到读者普遍喜爱。屈原作为中国古代最重要的诗人，创作有古代中国最宏丽的诗篇《离骚》，屈原的意义远远不止是以一个原型诗人的形象被纪念至今，更为重要的是屈原形象所象征的一整套身份认同生成的范式，维系了无数中国知识人的理想和志向，遗憾的是作为普通读者对屈原的印象往往更多相传于传说、习俗以及来自后人崇拜的典籍之中。

很少有读者直接阅读宏丽伟大但晦涩难懂的《离骚》，反而那来自历史深邃处的屈原后人的呼唤与称颂，让我们能够更方便、近距离了解屈原及其作品的精神，帮助我们普通读者扫清知人论世的盲区。屈原被塑造成一个伟大的诗人，除了围绕着他的典范式经历汇集而成的文集，还有更丰富宏阔的书写、口传的相关知识传统。《屈原列传》《报任安书》等作品与其说是表现司马迁的精神史，不如说司马迁和屈原形成了一种精神上的互文关系。在古代历史上很少有一个人像司马迁一样热爱屈原，甚至将他的精神融入自己的生命之中。

美国学者柯马丁在《表演与阐释》一书中深情表达：

对于司马氏这位最杰出的读者和传记作家而言，正是文本将我们带向了作者其人的真实本质，于此，作者被最终认识和理解。在此意义上，作者依附于读者：是后者在当下想象着前者，也是后者将文本连同其中的作者打捞出来。毫无疑问，正是以这种方式，司马迁不仅纪念了屈原和孔子，也将自身想象为另一位宿命化的作者——他所希求的，是自身的余晖能存在于未来读者的意识中。杜甫之情形亦然。与古代的史家一样，这位唐代诗人寻求创造关于他自身的未来记忆。屈原乃至孔子，司马迁乃至杜甫，浑然一人：他是身无权力的高贵者，志向高洁的个人，唯求德性的卓越而已；他创造了文本的遗产，于当世无人问津，仅俟来者。

因此，教授这首诗或者说我们阅读这首诗，首先要承认这首诗歌强大的抒情磁场，聚焦于分析诗篇中诗人对心灵的探索和掘进，以及对民族心灵的探索和掘进，承认这部巨作既是史诗般的记叙，又是对灵魂的激情喟叹。我们可以像分析其他诗歌一样体会言有尽而意无穷的境界，也可以涵泳昂扬的爱国精神，也可以分析诗歌的技巧和用字用词的巧妙，但绝对不能因为语言大量的陌生化掩盖这首诗歌伟大的精神光芒。所以教授这节课，我们不能陷入琐碎的翻译和词语理解之中，应该用一种坦荡的心胸和高远的视野感受这光之力。

屈原在这首诗一开始就明确地将主角（我）展现为某个具有神圣血缘的神话人物形象，"我"在一个唯一神圣的日期（寅年、寅日、寅时）降临凡间，并在先父那里得到了美名。七个第一人称代词共同指涉的"我"以强烈的个人化口吻给后人做了自我介绍：

帝高阳之苗裔兮，朕皇考曰伯庸。

摄提贞于孟陬兮，惟庚寅吾以降。

皇览揆余初度兮，肇锡余以嘉名。

名余曰正则兮，字余曰灵均。

纷吾既有此内美兮，又重之以修能。

"我"既有美好的容态，又有美好的品质，一个时代洪流里的英雄形象被展示（stage）出来：神的谱系（高阳苗裔、皇考伯庸）、神的形象（修能）、神的精神（内美）、准则不容置疑（抚壮弃秽）。"我"像其他诗人一样对时间有深刻的恐惧，"汩余若将不及兮，恐年岁之不吾与""日月忽其不淹兮，春与秋其代序""唯草木之零落兮，恐美人之迟暮"，但是我愿意把握壮年，趁着年富力强去除邪恶污秽，改变现行的准则，做"时代的先驱"。

屈原在《离骚》中多次提到"准则"以及对"准则""标准"的理解，美国学者柯马丁在他的著作中将屈原的名"正则"翻译为 *Correct Standard*，意思为"正确的标准"，"灵均"翻译为 *Numinous Balance*，意思为"神圣的平衡"。"何不改乎此度""偭规矩而改错""背绳墨以追曲""竞周容以为度"，必须初心不改，打破不合正义的标准，这是一种旗帜鲜明的态度和强烈的感情倾向，因为"我"就是那个"正确的标准"（*Correct Standard*）。"虽九死其尤未悔""宁溘死以流亡兮""屈心而抑志""伏清白以死直"，这是多么坚定的人生信念和政治理想。这一部分文本完全可以和司马迁笔下屈原赴死前惊心动魄的对话产生一种互文参照：

　　屈原至于江滨，被发行吟泽畔，颜色憔悴，形容枯槁。渔父见而问之曰："子非三闾大夫欤？何故而至此？"屈原曰："举世皆浊而我独清，众人皆醉而我独醒，是以见放。"渔父曰："夫圣人者，不凝滞于物，而能与世推移。举世皆浊，何不随其流而扬其波？众人皆醉，何不餔其糟而啜其醨？何故怀瑾握瑜，而自令见放为？"屈原曰："吾闻之，新沐者必弹冠，新浴者必振衣。人又谁能以身之察察，受物之汶汶者乎？宁赴常流而葬乎江鱼腹中耳。又安能以皓皓之白，而蒙世之温蠖乎？"乃作《怀沙》之赋……于是怀石，遂自投汨罗以死。

　　如果我们把构成"屈原史诗"的各种材料看成一个整体的素材库，也就更容易理解司马迁《报任安书》"可为智者道，难为俗人言"的感慨了：

亦欲以究天人之际，通古今之变，成一家之言。草创未就，会遭此祸，惜其不成，是以就极刑而无愠色。仆诚以著此书，藏之名山，传之其人，通邑大都，则仆偿前辱之责，虽万被戮，岂有悔哉！然此可为智者道，难为俗人言也！

虽然陈世骧认为《离骚》"其宏阔的视界、丰富的神话、辉煌的景象与意境，无论就形式还是意旨来说，都非史诗也不是戏剧"，[①]但柯马丁仍愿意把屈原及他的诗歌称作"屈原史诗"，因为"就分析屈原这一案例而言，这一史诗并不是一首单一的诗作，而是一系列诗歌和散文形式的文本的聚合，其中包括了司马迁《史记》中的屈原、《离骚》，以及其他或被收入《楚辞》或未被收入其中的相关文本。"

抒情精神在中国传统之中享有尊贵的地位，鲜明的抒情主体和自抒胸臆（*self-expression*）是定义抒情诗（*Lyric*）的两个基本要素，这是我们进入屈原《离骚》这首诗歌的最佳入口。关于抒情主题，我们在诸如李白的《将进酒》中能轻松捕捉到那个"天生我材必有用，千金散尽还复来"的狂放不羁的抒情形象，这提示我们同样可以在《离骚》

---

① 陈世骧.中国文学的抒情传统[M].北京：生活·读书·新知三联书店，2015：4.

中的第一、二节也可以感受到一个自我垂怜的完美抒情主体。只有足够饱满，足够完美，足够高尚，《离骚》中的"我"才能在污秽黑暗的现实中发出有穿透力的声音。外在的修饰（好修姱）和内在的约束（鞿羁）是必要的，热衷采集"江离""辟芷""秋兰""木兰""宿莽""蕙"可以让"我"变得足够美好，"骐骥"和"马"是我的坐骑，缓步于长着兰草的水边，疾驰于长着椒树的山岗，以菱荷为衣，以芙蓉为裳，帽子高耸，佩带飘飘，身体芳香润泽，精神光明纯洁。作为读者如果的确承认"屈原史诗"的存在，教师就有责任指导学生通过反复诵读和细致分析在头脑中形塑出这个完美的抒情主人公的形象。

关于自抒胸臆，我想说的是在一首抒情诗中绝对的爱憎分明是一种必要的表现手段，"钟鼓馔玉不足贵，但愿长醉不复醒。古来圣贤皆寂寞，惟有饮者留其名"，"不足""但愿""皆""惟"这些多少有些绝对的副词都充分说明了这一点，在艺术表现上增强了诗人的抒情力量。教师就可以在"长太息以掩涕兮"这一段中引导学生探寻屈原情感的两极，感受诗人的现实困境和精神抉择："众女嫉余之蛾眉兮，谣诼谓余以善淫"，群小逞技，楚王不察，遭谗见疏，诗人怨愤楚王之"浩荡"，怨愤世俗之"工巧"，怨愤时代之"追曲"，以至于司马迁也发出"屈平疾王听之不聪也，谗谄之蔽明也，邪曲之害公也，方正之不容也，故忧愁幽思而作《离骚》"的感喟，这是一曲时代的哀歌呀！在这种绝望的悲哀中，他又如此自尊，自重，自爱，不断确认着自己的追求和信仰，用"九死未悔""溘死流亡""屈心抑志""清白死直"的决心和誓言擦拭灵魂的尘埃和泥垢！进步的理想、深厚的激情、庄严的使命感、悲壮的献身精神，构成了诗人无比崇高的美的人格以及"可与日月争光"的美的形象，此时他是英雄的诗人也是诗人的英雄！

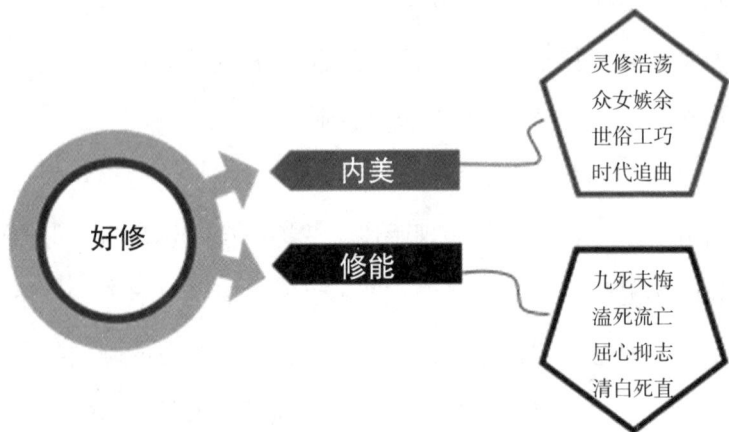

悔相道之不察兮，延伫乎吾将反。回朕车以复路兮，及行迷之未远。

步余马于兰皋兮，驰椒丘且焉止息。进不入以离尤兮，退将复修吾初服。

"悔""反""回""止息""退"这些行为性动词，强烈暗示着屈原精神的延宕和成长，从这里开始，屈原已经不是一个在精神上处于静止状态的抒情主人公了，而是带着气息和温度，带着惶惑和不安进入到精神探索和掘进的英雄形象！我们甚至禁不住怀疑：这里的"退"是退出吗？是退让吗？是退缩吗？我们又禁不住会自我追问：屈原到底给后代文学和民族文化带来了什么？陶渊明、司马迁、杜甫、白居易、陆游、苏轼、辛弃疾……他们仿佛是屈原精神呼喊下飘荡的影子，持续维系着我们民族的精魂。我经常跟学生讲，古代知识分子的基因里深深刻着"爱"这个字，"居庙堂之高则忧其民，处江湖之远则忧其君"，爱别人，爱苍生，爱君王，要时时刻刻做到"先天下之忧而忧"；当遭遇黑暗的现实和失意的贬谪时，"归去来"仿佛来自遥远神秘的召唤，驱使着他们返回自己，坚定的爱自己，珍惜自己的羽毛，回归光明纯洁的生命本质，回归"好修以为常"的文化基因。

归园田居（其一）

［东晋］陶渊明

少无适俗韵，性本爱丘山。

误落尘网中，一去三十年。

羁鸟恋旧林，池鱼思故渊。

开荒南野际，守拙归园田。

方宅十余亩，草屋八九间。

榆柳荫后檐，桃李罗堂前。

暧暧远人村，依依墟里烟。

狗吠深巷中，鸡鸣桑树颠。

户庭无尘杂，虚室有余闲。

久在樊笼里，复得返自然。

空间有限的"方宅""草屋"，数量不多的"榆柳""桃李"，稀疏寥落的"狗吠""鸡鸣"……促使我们看到：那一方"虚室"才是陶潜突破"樊笼"的精神净地和绝美桃花源！

王羲之带着"游目骋怀，足以极视听之娱"的洒脱走来，杜甫带着"万里悲秋常作客，百年多病独登台"的悲哀走来，毛泽东带着"独立寒秋""问苍茫大地"的襟怀走来……"忽反顾以游目兮，将往观乎四荒"，屈原环顾四荒，修远之路漫漫无边，诗人带着那份艰难求索后的释然，熄灭心中辩论的声音，高唱着"余幼好此奇服兮，年既老而不衰。带长铗之陆离兮，冠切云之崔嵬，被明月兮佩宝璐。世溷浊而莫余知兮，吾方高驰而不顾"（《楚辞·九章·涉江》）缓步走来……

2024 年 3 月 6 日星期三中午

另:

道德选择的困境

——《屈原列传》在立德树人上的启示

《屈原列传》是高中语文教学的经典篇目，是司马迁《史记》众多篇目的杰出代表，是学生必学精学的文言典范。但是在教学中总会遇到一个重大问题，就是如何探讨屈原生死的抉择和最终赍志投江的结局：生存还是死亡是一个值得思考的问题。对人生观、价值观形成期的高中生，死亡的问题该不该谈，该怎么谈，这是一个绕不开的问题。过去教学，我会把这个问题生硬地抛给学生：屈原该不该投江自杀？显然学生的讨论停留在抽象的概念认知，讨论的效果并不理想。又担心讨论自杀的问题也会影响他们的认知和行为。

随着教学阅历的增加，我开始反思自己的教学。面对生死抉择，没有一个适切学生认知能力的问题引发学生思考是很难引发学生共鸣的。所以我思考如何改变这节课的教学策略。

我在备课的时候经常会遇到这样的情况，在阅读《屈原列传》的时候我总会出现一种恍惚感，特别是阅读到第三自然段时，总感觉自己不是在阅读《屈原列传》，而是

175

感觉司马迁像是在写自己。这成为我这节课的教学起点。从历史学家的角度看，记叙是优选文体，但议论这种文体成为他的历史观的重要载体。我把这篇文章分成两部分，一部分是屈原人生的历史记载，一部分是司马迁的议论和抒情。屈原经历的历史记载和司马迁的议论之间的关联是什么，透出司马迁写作怎样的历史观。

司马迁仰慕屈原的人格和精神，来到长沙屈原自沉之处，这既是一次沉重的凭吊更是一次写作前的实地考察，可以想到的是，因为当时文献记载的局限性，他拥有传主的一手资料是很有限的，通过阅读我们可以深刻感受到司马迁把屈原的"死"或者"自杀"浪漫化了，为了表达抉择的困境和冲突，他不得不造出一个渔父的形象。这个渔父的形象既可以看成司马迁内心深层的疑问和困境的突围，也可以看作屈原内心世俗和崇高之间的挣扎和对抗。这有点像苏轼的《赤壁赋》中"我"与"客"之间的关系，"客"哀吾生之须臾的人生悲慨和"我"变与不变的自适，完全是苏轼灵魂的自问自答和自我脱困。我们还可以从另外一个角度看司马迁历史资料的有限性——传主的基本情况集中在他的出身贵族、被人诬陷、创作《离骚》、赍志以殁几个精简的情节。其中的具体细节则知之甚少。大篇幅的秦楚外交和楚怀王的悲剧终结是显性历史，是屈原悲剧命运的背景板。从这个角度看，与其说司马迁是在写屈原，不如说是在写自己。与其说是在写屈原的忠君爱国，不如在表达一种崇高的民族理想和精神信仰。如果没有屈原，我们这个民族就失去了一座"去生死"的精神高峰，他不同于当代诗人海子式的精神自杀，如果这样比就能明白司马迁"究天人之际，通古今之变，成一家之言"的历史观和写作理想。正如赵汀阳在《历史·山水·渔樵》中说"历史之道是天道与人道的交汇之道，交汇点就是启示点，交汇的时刻就是透露秘密的时刻""历史的要紧问题不是弘扬人性，而在于建立人义"。

"其志洁，故其称物芳；其行廉，故死而不容""人又能以身之察察，受物之汶汶者乎""又安能以皓皓之白，而蒙世之温蠖乎"，随波逐流成为可能的时候，作者字里行间却洋溢着对道德的赞美和对清洁精神的伟赞，以及坚定的目光和选择，张承志称之为"清洁的精神"。我"随意"问学生，你有没有遇到过抉择的困境。学生说：回到家先玩游戏还是先学习。听课的实习教师说：填报志愿学校的选择。我很理解因为学生阅历的不同而不能深层次探索他们内心中的道德困境。我跟他们分享了这样一种经验：我们有些同学来到学校的相当一段时间是无法适应的，学生入校首先遇到的挑战是人际关系的调整。我们这所学校虽然是济南市的优质高中，但是因为生源结构来自济南市的各个区，统招生、推荐生、指标生混杂，由于每个区、每所初中的教育资源不均衡，家庭教育情况分化，学生接受到的教育标准也有高有低，接受了"良好"家庭教育和学校教育的那部分孩子，入校之初，那些不好的行为，不堪的话语对他们产生了极大的冲击，在短时间内他们难以适应新的人际关系，甚至价值观也产生了混乱，以致有些学生不愿意过集体生活，有些学生甚至产生了厌学的情绪。我告诉学生，这恰恰是学校教育的可贵之处。学校的作用在于始终用一个较高的道德和行为标准塑造学生。一部分学生在这个过程要学会取长补短，不在质疑中降低自己的标准，但学会用宽容的心态等待同伴成长；另一部分同学要学会认知标准的重要性，要看到学校教育带给自身成长的宝贵之处。只有这样，在一个学校整体氛围的影响下，我们的整体修养才能得到完善和提升，这是未来公民应该具备的基本素质。

屈原对生死的选择，代表了人类或者说"中国人"对道德的最高追求，他是一个标志或者一种标杆，昭示着民族精神的高度和国家信仰的高度。我们不像有些国家可以通过宗教信仰凝聚做人的标准，我们实实在在地通过孔子、屈原、司马迁、苏武、杜甫、苏轼、岳飞、文天祥、辛弃疾……累积出民族精神的珠穆朗玛峰，这正是文化自信的真谛。

如果缺失了这部分精神的高度，我们民族的道德标准一定是低的、平的，就会发生"摔倒不扶""抢座占座""网络炫富"……同学们齐声问我有没有类似的人生经历即类似选择困境，我分享了从一名普通老师到从事教育管理者之间的艰难选择，这里面涉及性格、能力、理想的问题，但我告诉学生，这两者并不是高尚和世俗的冲突，恰恰在教育管理的过程中我实现或部分实现了作为一名普通老师曾经无法实现的那部分教育理想。

　　同学们聚精会神倾听着我的分享和观点，我能从他们的眼睛中看到叫作"光"的东西。上完课后，一个男生跟着我继续探讨道德的抉择困境，他显然受到极大的震动，他说他就像我说的那种人，在接受学校教育的时候树立了很高的道德标准，可是他发现自己和家庭成员发生了冲突和矛盾，就开始质疑自己和接受的教育。他流下了眼泪，我告诉他一定要坚持自己的标准，只有坚持才能拥有在未来改变别人的能力，随波逐流只会矮化自己的精神，对爸爸妈妈要有足够的耐心和包容,时代和环境的局限造成"你"和父母的"差异"，但我相信亲情和母爱是弥补道德高度的最重要的东西。

　　我把课本夹在腋下，行走在喧闹的走廊中，突然有了一种崇高感和使命感……

2023 年 11 月 2 日 G316 列车行驶在河南中原大地

语文教学中的曼声长吟

——浅谈「诵读」在语文教学中的应用

近现代著名语言文字学家、教育家魏建功先生曾指出："自学校国文改为国语以来，国语的读法未定，而国文的读法已坏。"（《中国语文诵读方法座谈会记录》）所谓"国文的读法"指延续千年的中国传统的"终日咿唔，不求解悟"的教授方式。"吟罢低眉无写处，月光如水照缁衣""吟安一个字，拈断数茎须""唯有诗魔降未得，每逢风月一闲吟"的曼声长吟在中国古代，如同书法、品茶一样，是文人雅士必备的基本技能。在吟诵中，诗词文赋包含了很多语言本身所没有的意义，这些意义也是附着作品一起流传的。"行吟泽畔"的屈原，"一觞一咏"的王羲之，"登东皋以舒啸"的陶渊明都标示着吟诵与中国古代诗人的形象密不可分。

吟诵不仅是一种古代文人生活的方式，更是一种解读和理解古人情感的阅读方法、鉴赏途径。"五四"以来，文化教育、语言文字、诗歌体裁等方面都发生了重大变革，吟诵在很大程度上丧失了它原有的生存环境，加之汉语语言文字最大的特点是独体单音，与西方拼音文字与生俱来的音乐节奏有很大不同，现代语文课上的"读""念""朗诵"与古代"吟诵"已经有了很大不同。我们用西方的朗读方法来诵读中国古典文学作品，容易变成一种表演，语调也在刻意追求死板的字正腔圆，少了个人解悟和自由发挥。笔者在语文教学中发现绝大多数语文教学对学生诵读的教学指令是：请同学们大声朗读，请同学们有感情地朗读，读出你们喜欢的段落……教学指令缺乏针对性和可操作性；朗读教学基本就是：教师范读、学生齐读、学生个别读，讲到一个地方，请学生随意读一个句子或一个词。一堂课下来缺少训练性、感染力，学生变成为了朗读而朗读，老师也变成了为了朗读而要求朗读。

　　虽然现代语文教学不可能恢复到 1905 年之前私塾教育那种接近吟唱的吟诵古法，但朗读教学的设计能否成为语文教学的重要手段，能否起到培养学生语文素养、丰富学生语感、体悟情感的重要作用，就应该在吸取吟诵古法的同时在朗读教学的实践活动设计上下足功夫。"吟诵不仅有旋律、节奏、结构，而且有声音之高下、强弱、长短、清浊，这一切都是用来表达理解的。"[①] 余映潮在《探求朗读指导的角度之美》一文中也指出："朗读实践活动的设计，应该做到时间长、角度精、入味深、遍数多……同时要关照到朗读训练与背读积累的同步。"[②]

一

曼声长吟中体味作品的情感流变

　　在教学实践中摈除那种虚假诵读、表演诵读，让学生在诵读中体悟作者情感的流变，体味"拈断数茎须"的字句斟酌。感受"语文之美"，需要教师在钻研教材、设计教学的时候，深入探求朗读指导的角度之美，而绝不仅仅只是让学生"出声"地读、"热闹"地读。

　　笔者在教授《沁园春·长沙》上阕时有这样的教学设

---

① 张静.此"吟"非彼"诵"［J］.读书.2015（10）.
② 余映潮.探求朗读指导的角度之美［J］.中学语文教学.2014（5）.

计（简案）：

（一）学生自由朗读，读准字音句读。

（二）读准字音显然不够，词有婉约，有豪放，不同风格有不同风格的读法，再次朗读，揣摩用什么样的语气朗读此诗。（雄壮、豪情、高昂）

（三）分析景物描写如何表现豪放情怀。

1. 看万山红遍。

"看"是领字，让学生揣摩"看"时的神情怎样。是兴味盎然地品味观赏，不是急匆匆走马观花。所以应读出自然、从容和气度。因此语速要慢，拖腔稍长。

2. 鹰击长空，鱼翔浅底。

"击"读出强健有力，"翔"读出自由自在。笔者以自己在西伯利亚旅行时看到的鹰翔长空的情景做比，学生很自然被带入到情境中。

（四）处理任何问题都应该带着反思和批判的态度，提出上阕是否始终"激昂"，有无情感变化。

提示：词有快板有慢拍。慢拍体现在哪里？

学生自然找到"独立寒秋"的"独"字，"怅寥廓"的"怅"字上。独立是中国传统文人的某种思考方式之一。常常一人站在高山之上或江水之滨，前不见古人，后不见来者，在广阔背景中诗人如此渺小，心情如此黯淡寂寥。

又逢寒秋，毛泽东虽胸怀气度，但不免在思索时含一层忧愁的底色。（如何读？）

雄奇伟丽的湘江秋景图，难掩迷茫惆怅，眼前是竞相自由的自然生灵，社会呢？人（民）呢？诗人面对的是积贫积弱的社会现实。（如何读？）

总结作者情感变化曲线图：

竞

（激昂）

（低沉）独　　　　　　怅（深沉）

情感变化曲线图

当学生跟着老师边读边分析，学生会发现诗人的情感是起伏的、曲折的。学生发现了一个与传统印象中不一样的毛泽东。现实中的毛泽东不仅痛苦过忧郁过，更重要的是他在痛苦和迷惘、遭遇困境，短暂迷失时，将自己置身于宏阔空间中的一次自我省知和重新定位,在这一过程中,他重新找回了自我。学生在这一节课诵读的机会至少有十遍，而且每一遍学生在诵读时的目标指向是不一样的，层层深入和递进，学生在音调的高低、顿挫、急缓中把握了诗人情感的流变，这时候学生更能体味到毛泽东灵魂超越迷失的伟大，而且容易达成当堂成诵的学习目标。第二天上课前三分钟，我欣喜地听到学生带着情感的有波澜的书声琅琅。

正如朱光潜先生在《谈诗歌朗诵》中说："艺术所要表现的情调是比较深永的，低回往复的，走曲折线而不是走直线的，所以表现方式也要有相应的低回往复和曲折。所谓'诗歌语言音乐化'乃至于'思想情感的音乐化'其意义就不过于此。"所以我在教学过程中指导学生诵读特别强调在体味作者情感的曲折中把握朗读的意义。

程翔老师在教授《再别康桥》一课时，将诗歌的解读与诗歌诵读紧密结合在一起，将每一个诗节的情绪变化用图形的方式表明出来：

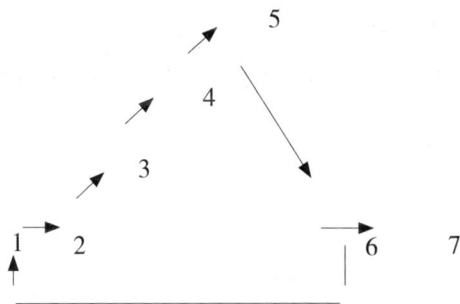

《再别康桥》情绪变化图

第五诗节到第六诗节的诵读是诗人情绪的重要转折，饱含了诗人复杂的人生和思想情绪。

185

　　《罗密欧与朱丽叶》作为一出经典话剧，对白在推动情节发展、揭示人物矛盾、展示内心活动方面起到巨大作用，所以我采取"挂一漏万"的教学方式，重点让学生品读罗密欧饮药自尽前的一大段经典独白。这段独白在第一遍试读的时候学生只知道一味地感叹，音调高亢，少变化。首先我提示学生思考：表演此段，应该仔细琢磨，罗密欧是在什么样的情况下，在何种场景中念这段独白的。墓地、深夜、火把、打开的墓穴、帕里斯和朱丽叶的尸体，运用想象力，通过不同的语调、语气、语速来表现人物的心态。然后通过指导，首先让学生明确罗密欧这段独白是针对不同人说的，因此决定了说话的语气和声调：

帕里斯（深深的叹惋）

　　　啊，茂丘西奥的亲戚，尊贵的帕里斯伯爵！

　　　（惊异）（快速）

　　　啊！把你的手给我。（叹息）（慢速）

　　　啊！被杀的少年，这是一个灯塔……

　　　（顿悟）（中速）

朱丽叶（伤感的咏叹）（中慢速）

提伯尔特（真挚的忏悔）（中速）

自己（坚定的誓言）（中快速）

186

学生体会到罗密欧内心的情感流变后对罗密欧这个人物形象就有了更形象更生动的把握。

程翔老师指导学生学习《赤壁赋》一文中"诵读"指导也能带给我们很多启发：①

在《赤壁赋》一课第三自然段中，苏轼听到哀婉的洞箫曲后，正襟危坐，于是有了问句："何为其然也？"从文章结构上看，显然是过渡句。为什么如此悲凉呢？客人是怎么解释的呢？客人从两个方面进行了解释：

1.英雄安在。从"方其破荆州"到"而今安在哉"怎么读？

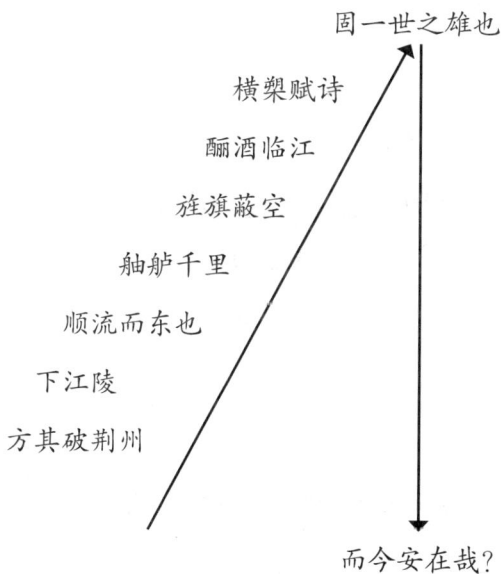

固一世之雄也

横槊赋诗
酾酒临江
旌旗蔽空
舳舻千里
顺流而东也
下江陵
方其破荆州

而今安在哉？

① 程翔.一个语文老师的心路历程［M］.北京：清华大学出版社，2009.

187

固字重读。按曲线变化读。（试读，个别范读，最后合读）学生在读的时候自然想起了他的《念奴娇·赤壁怀古》："大江东去，浪淘尽，千古风流人物。"

2. 人生短暂。客人联想到曹操这样的大人物尚且成为陈迹，何况自己这样渺小的小人物，面对大自然，岂不更加渺小？这几句读的速度稍快一点，以表现人生之短暂，最后一句稍拉长一点：

况吾与子渔樵于江渚之上

侣鱼虾而友麋鹿

驾一叶之扁舟，举匏樽以相属

寄蜉蝣于天地，渺沧海之一粟

哀吾生之须臾，美长江之无穷

挟飞仙以遨游，抱明月而长终

知不可乎骤得

托—遗—响—于—悲—风—

二

曼声长吟中体验个性的表达

诵读教学不仅仅是帮助学生理解文意体会感情的重要手段，在语文教学的其他方面我也做了一些有益的探索。

诗歌是用语言做成的，但语言如何才能被做成诗歌呢，我在讲授叶芝名诗《当你老了》时，就试着从语言的角度结合诵读特点探讨诗歌的语言艺术：

（一）导入：我们知道，诗歌是用语言做成的，但语言如何才能被做成诗歌呢？这节课，我们就试着从叶芝的小诗来探讨一下诗歌的语言艺术。课前我们已经接触了叶芝的英文原诗，并进行了翻译创作，对原诗的意境和风貌有了一定理解。哪位同学能谈谈你对这首诗的理解？

明确：这首诗表达了一个男人对一个女人始终不渝的深沉的爱恋。

（二）同学们手中拿到的这节课的讲义中有这首诗歌的三种中文译本，第一首是袁可嘉先生的译作，第二首是杨牧的翻译作品，第三首是邓晨（学生）的翻译作品。我们评判一首译诗的优劣可以通过情感、语言、形式三个方面来考虑。接下来我们能不能出声朗读一下，根据我刚才的提示比较三首译诗，选出你最喜欢的一篇译文，并说明理由。

（三）

1. 诗人是在什么情况下创作完成这首诗歌的呢？我们来看这首诗的创作背景：（PPT展示）有许多作家终生会

爱许多女人，而有的作家一生只爱一个女人，这个女人是他创作灵感的来源。叶芝就碰到了这样一个女人，他的致命女神——茅德·岗。

2. 我想问同学们，叶芝被拒绝，而且被坚决地拒绝，他还能向茅德·岗诉说吗？不能，只能自我倾诉。在这样的情况下，他表达的情绪是怎么样的？是热烈的还是低沉的？低沉的。是激昂的还是舒缓的？舒缓的。

为了更好地帮助大家理解这种倾诉式的、自言自语的表达方式，我想让大家欣赏一下原文朗读。

3. 我们已经体会到了这种倾诉式的语气，所以用什么样风格的语言更能传达作者的情绪呢？质朴还是华丽？平实还是晦涩？

明确：平实，质朴，简单明了，语言接近口语，但字里行间应流露出对爱的倾诉。

4. 好！请同学们再次诵读三首译诗，分析比较三首译诗，结合刚才的分析哪首译诗风格上更能表达作者此时的情感？（细致分析）

5. 综合比较三首译诗，袁可嘉的译诗更符合作者的感情，杨牧的译诗辞藻太过华丽，邓晨的译诗语言可以再简练一些。接下来哪位同学能试着用舒缓的语速、自我倾诉式的语调朗诵一下袁可嘉的译诗？

190

（四）下面就到了同学们展示的时间了，挑战大师。

（五）总结：通过这节课我们不难发现，具有张力美的诗歌，感情是内敛的，不是放纵的。叶芝诗歌的语言像平静的大海，在平静的海面下，我相信那里一定有滚滚波涛，那里一定埋葬着作者全部的内心独白，全部的希望、失望和绝望。因此这首诗表达出来的究竟是痛苦，还是幸福？是软弱，还是强大？是愤懑，还是平静？也许最合理的解释是这一切都有，这正是诗歌中语言张力的最佳注脚。

这次教学的大胆尝试，打破了原有语文课诗歌教学的固有模式，从另一个维度让学生体味到诗歌之美、语言之美。诵读教学的具体应用也在语文教学中得到有益的拓展。诵读教学在这堂课中虽然只是一个小小的道具，但诵读巧妙地勾连了整堂课的思路，课堂大容量，拓展而不旁骛，内容充实且有意义，明显渗透了研究性学习的要素，丰富深刻，文学教育落实得好，语文课的味道浓郁。学生的参与非常积极，课堂的生成也出人意料的精彩。

学者叶嘉莹说："学习吟诵是体会中国诗歌最好的办法，吟诵的目的不是为了给别人听，而是为了使自己的心灵与作品中诗人的心灵借着吟诵的声音传达到一种更为深微密切的交流和感应。因此，中国古典诗歌之生命，原是伴随着吟诵之传统而成长起来的。古典诗歌中的兴发感动之特质，也是与吟诵之传统密切结合在一起的。所以我说读古诗一定要吟诵，你如果真的要学古典文学，就一定要对吟诵有一点儿体会。"[①]可以说，诵读是诗歌教学的灵魂，其实大多数语文老师也很清楚很明白这个道理，但在具体的教学实践中很难做到始终如一，有些老师囿于自己的声音条件，不敢读不愿读。孟子在政治上发出"盍反其本与？"的呐喊，我们的语文教学是否也应该恢复语文教学的本来面目呢？这就是所谓的"守正出新"。"守正"就是要守处世之正，而"出新"则是要善于探索新知，在守正的基础上进行创新。

可怎么读、读到什么程度是一个棘手的问题。有一个关于诗歌教学的故事，一位大学的老先生讲读诗歌：个别读，齐读，男生读，女生读，前半部分读，后半部分读。这时下课铃响了，有个学生举手说我还是不明白诗歌中的意思，老先生意味深长地说："这首诗只可意会不可言传。"我们当然不能这样进行教学，笔者在诗歌教学时试着定下诵读教学的基本理念和原则：

1.声为心生。我在教学中试着尽量不用现成的示范诵

---

① 叶嘉莹.古典诗歌吟诵九讲［M］.桂林：广西师范大学出版社2014.

读，哪怕我的声音条件不好，也试着带着学生读。我想，可能你读得很粗糙，声音也不好听，但是如果带着情感和生命的质感，那样的诵读就是好的，是能够传达给学生感动的。允许学生有自由发挥，前提是读音是准确的。

2.带入的读法，实践的读法。进入诗歌的情境。学《将进酒》时我告诉学生你的人生肯定也会遇到很多不如意的时刻，所以读李白的诗要想象你就李白，李白就是你，你也可以找一个犄角旮旯狂放一回。读杜甫，你就是杜甫，杜甫就是你。杜甫诗歌风格是"沉郁顿挫"，"顿挫"这个概念很复杂，学生并不容易理解。那我干脆让学生先在诵读中体现出顿挫："牵衣 / 顿足 / 拦道哭 // 哭声 / 直上 / 干 / 云霄"（《兵车行》）。这样一锤子一锤子下去，读的时候像是在打铁。打铁是一个很痛苦很艰难的历练过程，所以在诵读的音韵中很容易体会出杜甫在苦难中打出的生命火花，学生很快就与诗人产生了共鸣。

作为"吟诵"的古法，如何旧法变新法，需要每一个语文老师在教学实践的探索路途上辛苦跋涉，《诗·周南·关雎序》中有云："吟咏性情，以风其上。""诵读"已经不单单是语言的艺术或艺术的审美问题，根本点在于吟诵是文学的生命活态，蕴涵着文人的性情和襟怀。"因此它不仅是一种阅读方法、鉴赏途径，更是对人的道德品格、文化精神的一种潜移默化的熏陶和培养，在阅读鉴赏的同时，道德修养隐寓其中，如水中着盐，有味无痕。"①

我们的语文教学能否做到：读一读，缓一点，慢一点，再慢一点点！

---

① 张静．此"吟"非彼"诵"［J］．读书．2015（10）．

疏离与凝视：对一个窗边观察者的观察

完美的一天

好，又是完美的一天

立夏了，昨夜的雨持续到今夜

什么都没干，一直在楼上

对那些冒雨等车的人

嫉妒得要死

他们站在树下，像在炫耀

我企图用视线

晃动法国梧桐，驱赶他们

五月的叶子已经阔大，层层叠

195

叠

像一把把漏雨的绿伞，真漂亮

但我不能举一把

走在湿透的人行道上

彩色地砖泛出冰冷的水光

我不能走出房子一步

我早已被剥夺淋雨的资格

那些矫揉造作的岁月过去整整十年

从不回忆。我只是在楼上

度过完美的一天

什么都不干，观察那些雨丝

卷曲在梧桐叶子上的细节

那些湿漉漉的叶子，伸手可及

　　如果没有记错，我最初读到这首诗的时候应该是 2006
年，在"诗生活"的文学自由坛 BBS 的帖子上。我一下子
被这首诗俘获并感到"嫉妒得要死"，因为我知道我断然
写不出这样的好诗。那个夏天，我和流马居住在同一个城市，
我和他一起经历过那场雨，我记得他家小区楼下正好是一
处公交站，所以读这首诗的时候我好像就站在他身边也学
着他一起探出脑袋去看楼下的梧桐树叶。2017 年这首诗被

收录在流马的诗集《夜晚怀疑我》里，在济南新书宣传会上，我被流马邀请现场读诗，我怕破坏了这首诗的美好，所以，就让九岁的儿子代为朗读了这首诗。这首诗通透，完整，充满戏剧感又带着强烈的感情。我经常跟学生说，文学需要凝视，从某种意义上讲凝视成就了诗人，我特别喜欢"断弦收与泪痕湿"这句诗，就因为诗人注意到了对方面庞的泪痕！古代很多诗人都不会直接说自己有多么用心凝视这个世界，但无不孤独并寂寞的用情用力。"小楼一夜听春雨，深巷明朝卖杏花"，淅淅沥沥，每一滴雨都比铅块重，每一滴都砸到心里，这"完美的一天"应该也不太轻松吧。后来我读到波兰诗人米沃什的诗歌《礼物》，一度产生错觉并认为这首诗的题目应该就是《完美的一天》。

完美的一天应该是什么样子呢？什么都不干，并一直待在楼上，因为下了一夜的夏雨，我走不出门。这该死的完美，只是我十年"矫揉造作"的自我安慰罢了，我被那些"冒雨等车的人"冒犯了，气急败坏地想"晃动法国梧桐，驱赶他们"。我们小时候经常会搞恶作剧：突然踹一脚树干，然后跑开，把那个倒霉蛋留在落雨的树下。诗人举着一把用隐喻制作的漏雨的绿伞，走在湿透的人行道上，让那个自以为待在家里就算是度过完美一天的人憋出内伤。前两天我在诗人的朋友圈里看到了他的一首新作：

每一个明亮的下午

整个下午河水闪耀着银光

长久凝神那火焰

你会觉得是在观察一个宇宙

——尽管它是平的

像一张起皱均匀的锡纸

但仍然太宏观，太抽象

并不一定会有什么启迪

而只能期望，仅仅这么看着

仅仅被它巨大的反光包裹着

就能和它一样

透明、清澈、稀薄，渐至于空无

大患若身，而与身同灭……

永恒是不可能的

痛苦是不存在的

水光的每一个波动，每一次闪耀

都呼应着此刻所有

你大而无当、往而不返的游思

随着落日的沉沦

归于黯淡，归于幽冥

2024.03.19

　　读第一句诗的时候，"彩色地砖泛出冰冷的水光"一下子从记忆里被抽出来了，头脑中满是明晃晃的水光。和18年前不同的是，他走出了房间，有可能站在北京亮马河边，用一整个下午创作一幅"闪耀着银光"的印象派油画。他以诗人的方式来观察下午河面上起皱的反光，用银白也可以说是橙红色斑勾勒涂抹宽大的河面，甚至用"锡纸"这种复合材料来增强作品的现代性。但是当他看到这运动的光芒正"呼应着此刻所有"时，法国摄影家布列松所说的"决定性瞬间"来到了。这个时刻为诗人提供了打开光和自己的所在，这一时刻让现实充满了诗人的内心，这一时刻是"决定性"的。这一时刻是将永恒的感情和哲思普世化的时刻，这一时刻将一首"决定性的"诗上升为了一首"普遍的"诗，更可怕的是，诗人不久贴出了一张照片，这张黑白照片吸收和隐藏了红色的火焰和能量，用一种冷冰冰的方式告诉你：沉沦。

　　我一直在犹豫要不要把下一首诗也拿出来，可是我实在太喜欢这首诗了，它简单而直白，幽暗而透明！

雪的行程

北京下雪了

天津下雪了

沧州下雪了

德州下雪了

济南也下雪了

淄博下没下我不知道

反正潍坊没有下

看到母亲在群里发视频

老家泰安也下雪了

而南京的朋友说

他们那里也快下了

看来这场雪

要沿着京沪线南下了

请问沿途的检查站

雪的行程卡里有几个星号

这样的集体出行

属不属于恶意返乡

正这么想着，抬起头

雪也在我的窗外闹起来了

好了，潍坊也下雪了

不管有没有恶意

它们都回到了大地

2022.01.22

　　在那时，我和家人正在吃着火锅，这首诗安慰了我，恶毒而快意的内心被白色覆盖。现在它躺在被时间锁死的朋友圈里，闪着萤火虫的绿光。诗人用幼稚的流水账呼应着赋的传统技艺。他索性给这场雪买了复兴号车票，实在太快了，甚至有点危险，只刷了会儿手机，它就到站了，而且一下子就"在我的窗外闹起来"。他们激动地向我比画着手势，只要一开窗户，他们就能冲进并占领我的暖气房。但是我一直抓住把手用冷眼看着他们在窗外闹，看着他们被消磨掉意志，最后顺驯地回到了大地。我经常会想，三十年后谁还会记得这场大雪呢？恶意应该只是被一层薄薄的雪覆盖住了吧。

捕捉火焰的人

诗歌是隐喻的，从某种意义上讲，没有隐喻就没有诗歌。我特别喜欢牛汉先生的这首小诗，并把这首诗推荐给我的学生。我曾经读过《我仍在苦苦跋涉：牛汉自述》，他特别像罗曼·罗兰笔下遭受苦难、抗争苦难的英雄形象，作为一个诗人，那种深沉的浪漫和自省永远沉淀在生命的底层。我是从一本小小的诗集中读到这首诗的，这本诗集是四川文艺出版社1985年出版的《诗人丛书》第4辑——《海上蝴蝶》，只有 90 页 33 首诗歌，鹅黄色的封面上点缀着两朵白色的剪纸样的蒲公英，拿在手中，这本薄薄的诗集给人一种弱不禁风的感觉，如同诗人曾经被摧折的命运。这首诗显然是生命沉淀之后的反思，青春的爱与恨有着同等重量。我是一颗枣子，一色青青的满树的枣子中的"显眼包"，因此"人们／老远老远／一眼就望见了我"，我"红的刺眼"并且"只有我一颗通红"。我喜欢这种简单的比喻，它没有炫耀技巧或故弄玄虚，但仍然是"诗"的语言。从青涩到成熟，标志着一个人从孱弱到强大，从自卑到自信，可是这种强大和自信却让"我"感到"伤心"，它给"我"带来灭顶之灾。"我"因此遭遇苦难，以致"憎恨着悲哀的早熟"，"一条小虫／钻进我的胸腔"，一口一口将我蚕食至死，完成仓促的人生。在第一层隐喻的基础上，又有了第二层隐喻："我是大树母亲绿色的胸前／凝结的一滴／受伤的血"。这滴鲜红的血不是一枚英雄的勋章，而是一个耻辱的标志，最后不禁咏叹："我多么羡慕绿色的青春！"

诗人牛汉在"后记"中说："我总想在平凡的自然现象里，捕捉一个个突破点，写出人（通过我）和自然和社会和历史相溶合的符合的情感。"虽然诗人认为自己是软弱的，但我们能在这首诗简单而直接的隐喻中看到他"捕捉火焰"的勇气，也让我们捕捉到那个时代的痛苦与欢乐！

附：

我是一颗早熟的枣子

牛汉

童年时，我家的枣树上，总有几颗枣子红得特别早，
祖母说："那是虫咬了心的。"果然，它们很快就枯凋。

——题记

人们

老远老远

一眼就望见了我

满树的枣子

一色青青

只有我一颗通红

红得刺眼

红得伤心

一条小虫

钻进我的胸腔

一口一口

噬咬着我的心灵

我很快就要死去
在枯凋之前
一夜之间由青变红
仓促地完成了我的一生

不要赞美我……

我憎恨这悲哀的早熟
我是大树母亲绿色的胸前
凝结的一滴
受伤的血

我是一颗早熟的枣子
很红很红
但我多么羡慕绿色的青春

1982 年秋

第三部分

诗歌笔记

作为「偷听」的读者

高友工在《律诗的美学》一书的《美典：中国研究论集》一文中引用批评家 *Northrop Frye* 的《批评的剖析》说：抒情诗呈现于我们面前，就仿佛是诗人为他的以为享有特权的听者而写的，此人或和诗人待在一起，或远在他方，而我们只是偷听到它罢了。这给我们一种很有意思和代入感的启发，我们可以偷听到作者向皇帝的直接的倾诉——《内宴奉诏作》，也可以偷听到向好朋友陈亮的倾诉——《醉里挑灯看剑》，但显然当事人的态度、语气和表达的心境就有了微妙的差别。"英明常得预时髦","常得"隐约透露作者"自豪、自信、自慰"的心情,即使"羞见",也不是因为自愧做得不够好,而是一种决心的表现。《破阵子》里的辛弃疾或许真的是自觉"可怜"了。

2021.11.2 教后记

做一个「合格的读者」
——诗歌教学中重视构建「旧知」系统

葛兆光《汉字的魔方——中国古典诗歌语言学札记》第五章论典故提到：典故作为一种艺术符号，它的通畅与晦涩、平易与艰深，仅仅取决于作者的文化对应关系。英国著名的文学家批评家Ｉ·Ａ·瑞恰兹曾强调诗歌的技术定义是——合格的读者在细读诗句时所感受的经验。所谓"合格的读者"，正是指那些与作者的时代、民族、文化素养及兴趣相近似的欣赏者，即使这些欣赏者在这几方面与作者相差很远，但至少他们也必须熟悉诗歌中这些典故的来源、"动机史"以及它所拥有的表层含义、深层含义与象征含义。西方学者把这种知识结构看成文学的"认知能力系统"（*competence system*），如果不具备这种能力，就往往会忽视典故所包容的隐含意味而导致对诗意理解的浅薄。

这几天在进行诗歌鉴赏复习的时候我也深深感受到这一点。第一节课一开始我举了杜牧《赤壁》这首诗作为例子说明"旧知"的重要性，就是葛兆光先生提到的作为一个合格读者所具备的认知能力系统。"东风不与周郎便，铜雀春深锁二乔"一个对三国赤壁历史不甚了解的读者很难明白诗歌传达的意蕴。我曾经在教授《京口北固亭怀古》时尝试以做一个"合格的读者"为突破口，从而让这首诗变得"顺畅""好读"。我在课上以意象"云"为例："云"——"碧云"——"摇曳碧云斜"，引导学生通过"想象"（还原形象）说明学生的认知能力系统需要在学习中不断加深。这也应该是我们在教学中对学生着力进行必备知识的教授与深度学习的重要原因。必备知识的积累帮助培养学生构建"旧知"系统的习惯，让学生在高考诗歌阅读中避免出现"过度陌生化"的情况，进而向关键能力迈进！

2021 年 11 月 3 日 23:10 草记

做一个交响乐指挥者
——诗歌教学中引导学生在想象中编织和鸣奏

叶维廉在《秘响旁通：文意的派生与交相引发》(《中国诗学》)谈到作为读者在阅读中国古典诗词时会产生"秘响旁通"的阅读经验，即"我们读的不是一首诗，而是许多诗或声音的合奏与交响"。因此"一首诗的文、句不是一个可以圈定的死义，而是开向由许多既有的声音交响，编织，叠变的意义的活动"。在诗歌教学中，教师应该善于引导学生将已有的阅读经验运用在阅读一首"新"诗上，要像一个指挥家

或者 *Wizard* 用他手中的 *wand* 召集诗歌的诸路神灵聚集于此，在多种声音的合奏与交响中体会诗歌的叠变，体会不同时代诗人之间以及诗人和读者的交流和共鸣，从而感受到古典诗词的美好。在高考设题时，命题人也愿意通过题的形式考察读者是否是一个合格的想象者和编织者。在"寒风又变为春柳，条条看即烟濛濛"（李贺《野歌》）"最是一年春好处，绝胜烟柳满皇都"（韩愈《早春》）"无情最是台城柳，依旧烟笼十里堤"（韦庄《台城》）中，让"柳"的音乐自由地交织和流淌……"远书归梦两悠悠，只有空床敌素秋。"（《端居》李商隐）"念天地之悠悠，独怆然而涕下。"（《登幽州台歌》陈子昂）"闲云潭影日悠悠，物换星移几度秋"（《登滕王阁》王勃）真是"悠悠"合鸣呀……

2021.11.8 上午 9：44 记

214

古代诗人的冲突和抉择

儒、释、道构成了中国古代文人的追求，为古代文人开拓了极为广阔的现实的和精神的生存空间。作为中国古代文人中人格典范的苏轼，他能自由地出入于儒释道之间，出世和入世之间没有丝毫的冲突，济世安民不影响他参禅悟道，畅游山水也不影响他治国理政，苏东坡的内心把这三者完美安置下来，和谐共生，圆转如意。众多诗人尝试在三者间寻求矛盾之中的平衡。儒家有为进取的思想仍占突出地位。

215

佛儒中存有矛盾与选择：杨巨源《寄江州白司马》"莫谩拘牵雨花社，青云依旧是前途"，《和南丰先生出山之作》"不及飞鸟浑自在，羡他僧住便平生，未能与世全无意，起为苍生试一鸣"。《残春旅舍》"禅伏诗魔归净域，酒冲愁阵出奇兵。两梁免被尘埃污，拂拭朝簪待眼明。"当然还有儒道之间的无奈退选：潘大临"最羡渔竿客，归船雨打篷。"《江间作四首（其三）》。

现代诗的断裂和分离

加埃坦·皮康（*Gaëtan Pican*）在《1863，现代绘画的诞生》（*1863 Naissance de la peinture Moderne*）比较以德拉克洛瓦、安格尔为代表的古典绘画和以马奈为代表的现代绘画时说："他（德拉克洛瓦）的每个人物都来自一个过去，过去赋予了它全部意义……每个提示，都是过去的现在时；每个符号，都在把某种遥远推到前线。在时间和空间中，我们的思想、我们的眼睛都在被召唤向某个别处。"继而说"每幅画面都在召唤另一幅画面、另一个地方。"这段精彩的论述仿佛在言说中国古典诗词的共有特性。我们在璀璨夺目的古典诗词中领略到如叶维廉所说的交响乐式的回响，那只是存在于一个久远过去的虚幻场域，却没有抵达现时真实的现场，相反"马奈击中我们的是图像的绝对在场"，我们的现代诗是否有这样的开放与独立性？虽然中国当代诗歌与古典诗词具有某种意义的断裂，但确是遥远的断裂，或者遥远的分离。

古诗词鉴赏的关键能力

《人民教育》2023年第15–16期刊登了李煜辉《素养立意 守正创新——2023年高考语文全国卷试题评析》的文章，其中有关于古诗词阅读能力考察的一段话：

古诗词阅读要从两方面看。首先，古诗词用文言写成，与文言阅读一样，先要突破语言关。诗歌语言更具跳跃性和模糊性，理解难度更大。因此，全国卷客观题一般采取逐句解释的方式设置选项，其错误选项容易识别，正确项则起到阅读提示的作用。其次，古诗词毕竟是"诗"，"诗"是文学之大宗，考察古诗词必然重视审美鉴赏，主观题主要发挥这一功能。

这段话揭示了学生需要具备的两项关键能力：逐句释义能力和审美鉴赏能力。这两项关键能力应该成为师生"学与教"的着力点。

第四部分

诗歌索引

【2007 山东】

出关①

［清］徐　兰

凭山俯海古边州，旆②影风翻见戍楼。

马后桃花马前雪，出关争得不回头？

［注］①关，指居庸关。②旆（pèi），旌旗。

【2008 山东】

画堂春

［宋］秦　观

落红铺径水平池，弄晴小雨霏霏。杏园憔悴杜鹃啼，无奈春归。

柳外画楼独上，凭栏手捻[注]花枝，放花无语对斜晖，此恨谁知？

［注］捻（niān）：持取，捻弄。

【2009 山东】

寄远

［唐］杜　牧

南陵水面慢悠悠，风紧云轻欲变秋。

正是客心孤迥处，谁家红袖凭江楼？

【2010 山东】

咏怀八十二首（其七十九）

［魏晋］阮 籍

林中有奇鸟，自言是凤凰。清朝饮醴泉，日夕栖山冈。

高鸣彻九州，延颈望八荒。适逢商风①起，羽翼自摧藏。

一去昆仑西，何时复回翔。但恨处非位，怆悢②使心伤。

［注］①商风：秋风。 ②怆悢（liàng）：悲伤。

【2011 山东】

咏山泉

［唐］储光羲

山中有流水，借问不知名。映地为天色，飞空作雨声。

转来深涧满，分出小池平。恬淡无人见，年年长自清。

【2012 山东】

吴松道中二首（其二）

［宋］晁补之

晓路雨萧萧，江乡叶正飘。

天寒雁声急，岁晚客程遥。

鸟避征帆却，鱼惊荡桨跳。

孤舟宿何许？霜月系枫桥。

[注] 吴松：即吴淞，江名。

【2013 山东】

山寺夜起

［清］江　湜

月升岩石巅，下照一溪烟。

烟色如云白，流来野寺前。

开门惜夜景，矫首看霜天。

谁见无家客，山中独不眠。

[注] 江湜（shí）（1818～1866）清代诗人。

【2014 山东】

寻诗两绝句

［宋］陈与义

楚酒困人三日醉，园花经雨百般红。

无人画出陈居士①，亭角寻诗满袖风。

爱把山瓢②莫笑侬，愁时引睡有奇功。

醒来推户寻诗去，乔木峥嵘明月中。

[注] ①居士：指文人雅士。②山瓢：天然粗陋的酒器。

【2015 山东】

卜算子

［宋］张元幹

风露湿行云，沙水迷归艇。卧看明河月满空，斗挂苍山顶。

万古只青天，多事悲人境。起舞闻鸡酒未醒，潮落秋江冷。

［注］张元幹，宋代爱国词人。

【2016 山东】

水仙子·舟中

［元］孙周卿

孤舟夜泊洞庭边，灯火青荧对客船，朔风吹老梅花片。推开篷雪满天。诗豪与风雪争先，雪片与风鏖战，诗和雪缴缠。一笑琅然。

【2017 山东】

早上五盘岭

［唐］岑　参

平旦驱驷马，旷然出五盘。

江回两崖斗，日隐群峰攒。

苍翠烟景曙，森沉云树寒。

松疏露孤驿，花密藏回滩。

栈道溪雨滑，畬田原草干。

此行为知己，不觉蜀道难。

【2014 年全国新课标卷Ⅰ】

阮郎归

［宋］无名氏①

春风吹雨绕残枝，落花无可飞。小池寒渌欲生漪，雨晴还日西。

帘半卷，燕双归。讳愁无奈眉②。翻身整顿着残棋，沉吟应劫迟③。

［注］①作者一作秦观。②讳愁：隐瞒内心的痛苦。③劫：围棋术语。

【2015 年全国新课标卷Ⅰ】

发临洮将赴北亭留别①

［唐］岑　参

闻说轮台路②，连年见雪飞。

春风不曾到，汉使亦应稀。

白草通疏勒，青山过武威。

勤王敢道远，私向梦中归。

[注] ①临洮：在今甘肃临潭西。北庭：唐六都护府之一，治所为庭州(今新疆吉木萨尔北)。②轮台：庭州属县，在今新疆乌鲁木齐。

【2015 年高考新课标Ⅱ卷】

残春旅舍

[唐] 韩 偓①

旅舍残春宿雨晴，恍然心地忆咸京②。

树头蜂抱花须落，池面鱼吹柳絮行。

禅伏诗魔归净域，酒冲愁阵出奇兵。

两梁免被尘埃污③，拂拭朝簪待眼明④。

[注] ①韩偓（约 842～923）：字致尧，京兆万年（今陕西西安） 人。这首诗是作者流徙闽地时所作。②咸京：这里侑指都城长安。③梁：官帽上的横脊，古代以梁的多少区分官阶。④朝簪： 朝廷官员的冠饰。

【2016 年全国卷Ⅰ】

金陵望汉江

[唐] 李　白

汉江回万里，派作九龙盘①。

横溃豁中国，崔嵬飞迅湍。

六帝沦亡后②，三吴不足观③。

我君混区宇，垂拱众流安。

今日任公子，沧浪罢钓竿④。

[注] ①派：河的支流。长江在湖北、江西一带，分为很多支流。②六帝：代指六朝。③三吴，古吴地后分为三，即吴兴、吴郡、会稽。④这两句的意思是，当今任公子已无须垂钓了，因为江海中已无巨鱼，比喻已无危害国家的巨寇。任公子是《庄子》中的传说人物，他用很大的钓钩和极多的食饵钓起一条巨大的鱼。

【2016 年全国卷Ⅱ】

丹青引赠曹将军霸①（节选）

[唐] 杜　甫

先帝天马玉花骢②，画工如山貌不同。

是日牵来赤墀下③，迥立阊阖生长风④。

诏谓将军拂绢素，意匠惨淡经营中。

斯须九重真龙出⑤，一洗万古凡马空。

[注] ①曹将军霸：即曹霸，唐代著名画家，官至左武卫将军。②玉花骢：唐玄宗御马名。③赤墀：宫殿前的红色台阶。④间阖：传说中的天门，这里指宫门。⑤斯须：一会儿。

【2016 年全国卷 Ⅲ】

内宴奉诏作

[宋] 曹　翰①

三十年前学六韬②，英名尝得预时髦③。

曾因国难披金甲，不为家贫卖宝刀。

臂健尚嫌弓力软，眼明犹识阵云高④。

庭前昨夜秋风起，羞见盘花旧战袍。

[注] ①曹翰（923～992），宋初名将。②六韬：古代兵书。③时髦：指当代俊杰。④阵云：战争中的云气，这里有战阵之意。

【2017 年全国卷Ⅰ】

礼部贡院阅进士就试

[宋] 欧阳修

紫案焚香暖吹轻，广庭清晓席群英。

无哗战士衔枚勇，下笔春蚕食叶声。

乡里献贤先德行，朝廷列爵待公卿。

自惭衰病心神耗，赖有群公鉴裁精。

【2017 年全国卷Ⅱ】

送子由使契丹

[宋] 苏　轼

云海相望寄此身，那因远适更沾巾。

不辞驿骑凌风雪，要使天骄识凤麟。

沙漠回看清禁月①，湖山应梦武林春②。

单于若问君家世，莫道中朝第一人③。

[注]①清禁：皇宫。苏辙时任翰林学士，常出入宫禁。②武林：杭州的别称。苏轼时知杭州。③唐代李揆被皇帝誉为"门地、人物、文学皆当世第一"。后来入吐蕃会盟，酋长问他："闻唐有第一人李揆，公是否？"李揆怕被扣留，骗他说："彼李揆，安肯来邪？"

【2017 年全国卷Ⅲ】

编集拙诗，成一十五卷，因题卷末，

戏赠元九、李二十①

［唐］白居易

一篇长恨有风情②，十首秦吟近正声③。

每被老元偷格律，苦教短李伏歌行④。

世间富贵应无分，身后文章合有名。

莫怪气粗言语大，新排十五卷诗成。

［注］①元九、李二十：分指作者的朋友元稹、李绅，即诗中的"老元""短李"。李绅身材矮小，时称"短李"。②长恨：指作者的长诗《长恨歌》。③秦吟：指作者的讽喻组诗《秦中吟》。正声：雅正的诗篇。④伏：服气。

【2018 年全国 1 卷】

野歌

［唐］李　贺

鸦翎羽箭山桑弓，仰天射落衔芦鸿。

麻衣黑肥冲北风，带酒日晚歌田中。

男儿屈穷心不穷，枯荣不等嗔天公。

寒风又变为春柳，条条看即烟濛濛。

【2018 年全国卷 Ⅱ】

题醉中所作草书卷后（节选）

〔宋〕陆　游

胸中磊落藏五兵，欲试无路空峥嵘。

酒为旗鼓笔刀槊，势从天落银河倾。

端溪石池浓作墨，烛光相射飞纵横。

须臾收卷复把酒，如见万里烟尘清。

【2018 年全国卷 Ⅲ】

精卫词

〔唐〕王　建

精卫谁教尔填海，海边石子青磊磊。

但得海水作枯池，海中鱼龙何所为。

口穿岂为空衔石，山中草木无全枝。

朝在树头暮海里，飞多羽折时堕水。

高山未尽海未平，愿我身死子还生。

【2019·新课标 Ⅰ 卷】

题许道宁画

〔宋〕陈与义

满眼长江水，苍然何郡山？

向来万里意，今在一窗间。

众木俱含晚，孤云遂不还。

此中有佳句，吟断不相关。

［注］许道宁：北宋画家。

【2019·新课标Ⅱ卷】

投长沙裴侍郎

［唐］杜荀鹤

此身虽贱道长存，非谒朱门谒孔门。

只望至公将卷读[注]，不求朝士致书论。

垂纶雨结渔乡思，吹木风传雁夜魂。

男子受恩须有地，平生不受等闲恩。

［注］至公：科举时代对主考官的敬称。

【2019·新课标Ⅲ卷】

插田歌（节选）

［唐］刘禹锡

冈头花草齐，燕子东西飞。

田塍望如线，白水光参差。

农妇白纻裙，农父绿蓑衣。

齐唱郢中歌，嘤咛如《竹枝》。

【2020 年新高考 Ⅰ 卷】

赠别郑炼赴襄阳

〔唐〕杜　甫

戎马交驰际，柴门老病身。

把君诗过日①，念此别惊神。

地阔峨眉晚，天高岘首春②。

为于耆旧内③，试觅姓庞人④。

〔注〕①把：握，执。②岘首山，在襄阳。③耆旧：年高望重的人。④姓庞人：指庞德公，汉末襄阳高士。

【2020 年新高考 Ⅱ 卷】

赠赵伯鱼（节选）

〔唐〕韩　驹①

荆州早识高与黄②，诵二子句声琅琅。

后生好学果可畏，仆常倦谈殊未详。

学诗当如初学禅，未悟且遍参诸方③。

一朝悟罢正法眼④，信手拈出皆成章。

〔注〕①韩驹（？～1135），字子苍，两宋之际著名诗人。②高与黄：指前辈诗人高荷与黄庭坚。③参：领悟，琢磨。诸方：各地方，各方面。④正法眼：这里借指事物的诀要或精义。

【2020年高考新课标Ⅰ卷】

奉和袭美抱疾杜门见寄次韵①

〔唐〕陆龟蒙

虽失春城醉上期，下帷裁遍未裁诗②。

因吟郢岸百亩蕙③，欲采商崖三秀芝④。

栖野鹤笼宽使织，施山僧饭别教炊。

但医沈约重瞳健⑤，不怕江花不满枝。

〔注〕①袭美，即陆龟蒙的好友皮日休。②下帷：放下室内悬挂的帷幕，指教书，诚诗，作诗。③《楚辞·离骚》："余既滋兰之九畹兮，又树蕙之百亩。"比喻培养人才。④商崖：这里泛指山崖。⑤沈约，商朝诗人，史载其眼中有两个瞳孔，这里以沈约代指皮日休。

【2020年高考新课标Ⅱ卷】

读史

〔宋〕王安石

自古功名亦苦辛，行藏终欲付何人。

当时黯闇犹承误①，末俗纷纭更乱真。

糟粕所传非粹美②，丹青难写是精神。

区区岂尽高贤意，独守千秋纸上尘。

〔注〕①黯闇：蒙昧，糊涂。②糟粕：这里用米指代

典籍，也作"糟魄"，《庄子·天道》"然则君之所读者，古人之糟魄已夫。"

【2020年高考新课标Ⅲ卷】

苦笋

〔宋〕陆 游

藜藿盘中忽眼明①，骈头脱襁白玉婴。

极知耿介种性别，苦节乃与生俱生。

我见魏徵殊媚妩②，约束儿童勿多取。

人才自古要养成，放使干霄战风雨。

[注] ① 藜藿：藜和藿。泛指粗劣的饭菜。②唐太宗曾说，别人认为魏徵言行无礼，我却觉得他很妩媚。

【2020年新高考山东模拟卷】

元兵俘至合沙，诗寄仲子

〔宋〕陈文龙

斗垒孤危势不支，书生守志定难移。

自经沟渎非吾事，臣死封疆是此时。

须信累囚堪衅鼓，未闻烈士树降旗。

一门百指沦胥尽，唯有丹衷天地知。

[注] 陈文龙：南宋咸淳年间状元，元兵攻占福州时

被俘，绝食而死。

幽州新岁作

〔唐〕张　说

去岁荆南梅似雪，今年蓟北雪如梅。

共知人事何常定，且喜年华去复来。

边镇戍歌连夜动，京城燎火彻明开，

遥遥西向长安日，愿上南山寿一杯。

【2021 年全国甲卷】

和南丰先生出山之作①

〔宋〕陈师道

侧径篮舁两眼明②，出山犹带骨毛清③。

白云笑我还多事，流水随人合有情。

不及鸟飞浑自在，美他僧住便平生。

未能与世全无意，起为苍生试一鸣。

【注】①南丰先生：即曾巩，陈师道敬重仰慕的师长。
②侧径：狭窄的路，篮舁：竹轿。③骨毛清：谓超凡脱俗，
具有神仙之姿。

【2021 全国乙卷】

鹊桥仙·赠鹭鸶

[宋] 辛弃疾

溪边白鹭，来吾告汝："溪里鱼儿堪数。

主人怜汝汝怜鱼，要物我欣然一处。

白沙远浦，青泥别渚，剩有虾跳鳅舞。

听君飞去饱时来，看头上风吹一缕。"

【2021 新高考 1 卷】

寄江州白司马①

[唐] 杨巨源

江州司马平安否？惠远东林住得无②？

溢浦曾闻似衣带，庐峰见说胜香炉。

题诗岁晏离鸿断，望阙天遥病鹤孤。

莫谩拘牵雨花社③，青云依旧是前途。

[注]①江州白司马：即白居易。②惠远：东晋高僧，居庐山东林寺。③莫谩：不要。雨花社：指佛教讲经的集会。

【2021 全国新高考 II 卷】

示儿子

[宋] 陆　游

禄食无功我自知，汝曹何以报明时？

为农为士亦奚异，事国事亲惟不欺。

道在六经宁有尽，躬耕百亩可无饥。

最亲切处今相付，熟读周公七月诗[注]。

[**注**] 七月诗：指《诗经·风·七月》，是一首描写农民劳作和生活的农事诗。

【2022 年全国新高考 1 卷】

醉落魄·人日南山约应提刑懋之[注]

[宋] 魏了翁

无边春色，人情苦向南山觅，村村箫鼓家家笛，祈麦祈蚕，来趁元正七。

翁前子后孙扶掖，商行贾坐农耕织，须知此意无今昔，会得为人，日日是人日。

[**注**] 人日：旧俗以农历正月初七日为人日。

【2022·全国甲卷】

画眉鸟

［宋］欧阳修

百啭千声随意移，山花红紫树高低。

始知锁向金笼听，不及林间自在啼。

画眉禽

［宋］文　同

尽日闲窗生好风，一声初听下高笼。

公庭事简人皆散，如在千岩万壑中。

【2022·全国乙卷】

白下驿饯唐少府

［唐］王　勃

下驿穷交日，昌亭旅食年。

相知何用早？怀抱即依然。

浦楼低晚照，乡路隔风烟。

去去如何道？长安在日边。

【2023 年新高考 Ⅰ 卷】

答友人论学

〔宋〕林希逸

逐字笺来学转难^①，逢人个个说曾颜^②。

那知剥落皮毛处，不在流传口耳间。

禅要自参求印可，仙须亲炼待丹还。

卖花担上看桃李，此语吾今忆鹤山^③。

[注] ①笺：注释。这里指研读经典。②曾颜：孔子的弟子曾参和颜回。③鹤山：南宋学者魏了翁，号鹤山。

【2023 年新高考 Ⅱ 卷】

湖上晚归

〔宋〕林　逋

卧枕船舷归思清，望中浑恐是蓬瀛。

桥横水木已秋色，寺倚云峰正晚晴。

翠羽湿飞如见避，红蕖香袅似相迎。

依稀渐近诛茅地^[注]，鸡犬林萝隐隐声。

[注] 诛茅地：诗中指人的居所。

【2023 年全国甲卷】

临江仙

［宋］晁补之

身外闲愁空满眼，就中欢事常稀。明年应赋送君诗。
试从今夜数，相会几多时。

浅酒欲邀谁共劝，深情唯有君知。东溪春近好同归。
柳垂江上影，梅谢雪中枝。

【2023 年全国乙卷】

破阵子

［宋］陆　游

看破空花尘世，放轻昨梦浮名，蜡屐登山真率饮，筇
杖穿林自在行。身闲心太平。

料峭余寒犹力，廉纤细雨初晴。苔纸闲题溪上句，菱
唱遥闻烟外声。与君同醉醒。

【2024 年新高考 1 卷】

宿千岁庵听泉

［宋］刘克庄

因爱庵前一脉泉，襆衾来此借房眠。

骤闻将谓溪当户，久听翻疑屋是船。

变作怒声犹壮伟，滴成细点更清圆。

君看昔日兰亭帖，亦把湍流替管弦。

【2024 年新高考 2 卷】

雨后为山亭独卧

［宋］叶梦得[①]

过雨虚檐气稍清，卧闻刁斗起连营

几看薄月当轩过，惊见阴虫绕砌鸣[②]。

汹汹南江浮静夜，寥寥北斗挂高城。

白头心事今如许，惭愧儿童话请缨。

［注］①叶梦得：南宋文学家，曾致力于抗金防备及军饷勤务。②阴虫：秋虫，如蟋蟀之类。

【2024 年全国甲卷】

次韵[①]钱逊叔泛舟虹桥

［宋］吕本中

半篙春涨绿平溪，二月江城草色齐。

舟比蜉蝣千顷外，□同斥鷃一枝栖[②]。

野桥柳线斜风软，曲槛花光夕照低。

却讶探骊[③]人不至，清樽画舫倩分题[④]。

［注］①次韵：依次用所和诗中的韵作诗。②本句首字原缺。③探骊：这里指精通写诗作文。④分题：诗人聚会，分题目而赋诗。

主要参考书目

蔡宗齐.语法与诗境：汉诗艺术之破析 [M].北京：中华书局，2021.

陈世骧.陈世骧文存 [M].沈阳：辽宁教育出版社，1998.

陈世骧.中国文学的抒情传统 [M].北京：生活·读书·新知三联书店，2015.

程翔.一个语文老师的心路历程 [M].北京：清华大学出版社，2009.

高尔泰.美是自由的 [M].北京：人民文学出版社，1986.

高友工，梅祖麟.唐诗三论：诗歌的结构主义批评 [M].北京：商务印书馆，2013.

高友工.美典：中国文学研究论集 [M].北京：生活·读书·新知三联书店，2008.

葛兆光.汉字的魔方：中国古典诗歌语言学札记 [M].上海：复旦大学出版社，2020.

郭绍虞编.清诗话续编 [M].上海：上海古籍出版社，1983.

郭熙.林泉高致 [M].郑州：中州古籍出版社，2012.

哈罗德·布鲁姆.读诗的艺术 [M].南京：南京大学出版社，2010.

江弱水.诗的八堂课 [M].北京：商务印书馆，2017.

柯马丁著，郭西安编.表演与阐释 [M].北京：生活·读书·新知三联书店，2023.

况周颐，王国维.蕙风词话 人间词话 [M].北京：人民文学出版社，1960.

莱辛.拉奥孔 [M].北京：人民文学出版社，1979.

流马.夜晚怀疑我 [M].北京：作家出版社，2017.

内山精也.庙堂与江湖：宋代诗学的空间 [M].上海：复旦大学出版社，2017.

牛汉.海上蝴蝶 [M].成都：四川文艺出版社，1985.

钱穆.中国文学论丛 [M].北京：生活·读书·新知三联书店，2002 年

钱锺书.宋诗选注 [M].北京：生活·读书·新知三联书店，2006.

松浦友久.李白诗歌抒情艺术研究 [M].上海：上海古籍出版社，1996.

田晓菲主编.九家读杜诗 [M].北京：生活·读书·新知三联书店，2022.

童庆炳.童庆炳谈审美心理 [M].开封：河南大学出版社，2008.

童庆炳.中国古代心理诗学与美学 [M].北京：中华书局，1992.

王国维.人间词话 [M].黄霖等导读，上海：上海古籍出版社，1998.

王佐良 选编，金立群 注释.英国诗歌选集 [M].上海：上海译文出版社，2013.

勒内·韦勒克，奥斯汀·沃伦.文学理论 [M].南京：江苏教育出版社，2005.

魏象枢.寒松堂全集（卷十二）[M]，北京：中华书局，1996.

温儒敏、王本华主编.普通高中教科书教师教学用书：语文（全套）.北京：人民教育出版社，2020.

温儒敏总主编.普通高中教科书·语文（全套）.北京：人民教育出版社，2019.

温儒敏总主编.义务教育教科书·语文（一～六册）.北京：人民教育出版社，2016.

温儒敏总主编.义务教育课程标准实验教科书·语文（七～九年级）.北京：人民教育出版社，2006.

闻一多.唐诗杂论 [M].太原：山西古籍出版社，2001.

巫鸿.重屏：中国绘画中的媒材与再现 [M].上海：上海人民出版社，2017.

谢冕主编.普通高中新课程实验教科书：必修语文第五册.济南：山东人民出版社，2008.

叶嘉莹.古典诗词演讲集 [M].石家庄：河北教育出版社，1997.

叶嘉莹.迦陵论词丛稿 [M].石家庄：河北教育出版社，1997.

叶维廉.中国诗学 [M].北京：人民文学出版社，2006.

宇文所安.他山的石头记 [M].南京：江苏人民出版社，2003.

宇文所安.中国传统诗歌与诗学 [M].北京：中国社会科学出版社，2015.

宇文所安.中国早期古典诗歌的生成 [M].北京：生活·读书·新知三联书店，2014.

张葆全，周满江撰.历代诗话选注 [M].西安：陕西人民出版社，1984.

张相.诗词曲语词汇释 [M].北京：中华书局，1977.

郑敏.诗歌与哲学是近邻——结构－解构诗论 [M].北京：北京大学出版社，1999.

钟嵘.诗品 [M].上海：上海古籍出版社，2007.

周剑之.事像与事境：中国古典诗歌叙事传统研究 [M].北京：商务印书馆，2022.

周裕锴.宋代诗学通论 [M].上海：上海古籍出版社，2019.

宗白华.美学散步 [M].上海：上海人民出版社，1981.

宗白华.美学意境 [M].北京：人民出版社，2009.